WAC BUNKO

新・沖縄ノート

沖縄よ、甘えるな！

介

WAC

プロローグ〈まえがきに代えて〉

十九年かけても実現しない基地移転

沖縄問題は混迷の度を増してきた。香港、台湾、フィリピン等の近隣諸国（地域）の民衆が中国に警戒心を強めているなかで、沖縄一人が親中モードを高めている。

一方、沖縄の地政学的地位はますます高まってきた。中国の力による海洋進出、北朝鮮による軍事的冒険主義を抑止するための最前線基地としての役割がそれである。

とりわけ、沖縄に駐留する米海兵隊は垂直離発着機ＭＶ22「オスプレイ」の配備に伴い、即応体制が飛躍的に向上した。従来の主力機ＣＨ46ヘリコプターは航続距離が短いため、揚陸強襲艦《ようりくきょうしゅうかん》に搭載して紛争地域付近に進出しなければならなかったが、

「オスプレイ」は普天間基地から直接飛行できる。結果、台湾海峡、フィリピン方面（南シナ海）への兵力展開が迅速《じんそく》かつ容易になってきた。

ところで、いまや東アジアは大きな地殻変動が訪れようとしている。香港では中国支配を嫌って台湾への移住者が増えており、この台湾も行政当局が親中的視点で学校教科書を改訂しようとしたところ、地元高校生によって反対され断念している。頼みとする米国は軍事費圧縮のため、南シナ海への哨戒《しょうかい》行動の肩代わりをわが国に要請してきている。

このように、沖縄の米軍基地機能の安定運用は、わが国およびアジア諸国の平和と安定に大きく寄与している。ところが、わが国の政治力では沖縄の統治は限界に達しつつあるのだ。

普天間米海兵隊航空基地の県内移設が日米両国政府で決断されて十九年、今年ようやく着手された工事もまた沖縄県庁とこれを支持する左翼団体によって妨害され、工事は遅延している。

ワシントンではいま、日中両国が比較されており、わが国の行政能力が物笑いの対象になっているという。

「日本は国内に基地移設するのに十九年かけてもなお実現できず、中国は他国領土の島嶼《とうしょ》七カ所をわずか三年で同時に埋め立てて基地を完成させている」

私は十数年ほど前から、沖縄政策への特別措置を解消するよう、日本政府、国民にジャーナリズムの世界から訴えてきた。それは県民の特性を歴史的に分析し、かつ第三国による沖縄への工作を見抜いていたからである。当初、「県民でありながら強行すぎる」と批判も受けたが、沖縄情勢は私が予測したとおりになってきた。

本書では、報道されない沖縄の実態と従来の沖縄政策を総括し、今後どう対処するかを述べた。以下、その要点である。

例年、平均一千六百億円の一括交付金

いま沖縄には、一部の外国勢力と本土の左翼活動家が結集しており、県民を煽動《せんどう》しながら米軍基地撤去工作や沖縄独立運動を活発に展開している。

これに対し、わが国政府は鎮圧する手段をもたないばかりか、愛国心をもつ県民は報復を恐れ、息を殺して生活している。

政府はこういう沖縄県に対し、振興予算（補助金）を徒《いたずら》に増額しつつ地域振興プランを提示するなど、懐柔策《かいじゅうさく》を手当たり次第に実行している。ところが、県および那覇市は国民の血税を県民福祉に費やすどころか、親中のモニュメント建設へ充てているのだ。

翁長雄志《おながたけし》県知事とその意思を汲む城間幹子《しろまみきこ》那覇市長は、市内フェリーバースと空港へのアクセス道路に面する交差点に、約三億三千万円をかけて一対の龍柱建設に着手している。また一昨年、十六億円の公費をもって孔子廟《こうしびょう》を誘致竣工させている。いずれも、中国の臣下を示すデザインが施されているのだ。

さらにこの高率補助金が消費型経済を助長した結果、県民は「米軍基地が沖縄経済の発展を阻害している」という錯覚に陥りつつある。

余談になるが、中国では午後七時三十分から十時までの間、いわゆるゴールデンタイムに、国内いずれかの放送局で反日的番組が毎日放送されている。対照的に、県内では沖縄戦の惨状《さんじょう》を物語る映像が県内五局のどこかで連日、放映されている。このコンセプトは日本軍批判に帰結しており、さらに左翼勢力によって反日運動のプロパガンダに応用されているのだ。

一方、わが国は戦後七十年間、米国の軍事力の下で平和を享受《きょうじゅ》してきた。憲法の制約もあるが、わが国の政治家は、欧米政治家が常識とする戦力投射の概念がない。さらに国民大衆は、沖縄の歴史や反基地運動の実態を知らず、ただメディアの発する感情論に依っているため、沖縄政策への真剣な議論が困難になってきている。

沖縄は今年（平成二十七年五月十五日）、日本に復帰して四十三周年を迎えた。沖縄担当大臣がいまだ存続しており、また例年八月に行なわれる各県知事による中央省庁への次年度予算折衝に関し、沖縄県のみ内閣府沖縄総合事務局が代行している。

加えて平成二十四年以降、沖縄県のみ県独自で使途が決められる一括交付金制度が存続しており、例年、平均一千六百億円が交付されている。しかもこの交付金の総額は、基地政策に対する沖縄県知事のスタンスに左右されているのだ。

増加する中国の脅威を一切批判せず

中国による東シナ海、とりわけ沖縄近海への進出は巧妙かつ着実に進行している。尖閣諸島近海には絶えず中国公船は遊弋《ゆうよく》しており、あたかも同諸島が彼等の包囲下にあるような様相を呈している。

また二〇一二年十一月二十五日、沖縄本島西方約百三十kmに中国政府によって一方的に設定された中国防空識別圏は定着化しつつある。

わが国メディアは尖閣諸島上空と同空域に対し、中国空軍による攻撃を恐れて社有機による飛行を中止している。また、漁船も従来行っていた尖閣方面への漁を取りやめているのだ。

昨年八月、小笠原近海に中国珊瑚漁船団が不法操業して物議を醸《かも》したが、それ以前にも彼等は沖縄周辺で行動していた。傍若無人《ぼうじゃくぶじん》に振る舞う彼等に地元漁船は漁場を閉め出され、マチ類（ハマダイ、アオダイ、オオヒメ等）の好漁場として県民が守ってきたエリアも全て破壊された。ところが、国も県もこれを取り締まろうとせず、地元メディアも問題視しなかった。

脅威はさらに増加しつつある。中国防空識別圏中央部分、日中中間線中国よりに十二基のプラットホームがすでに敷設《ふせつ》されている。

今後、これらに対空レーダーや水中聴音機が設置されれば、中国軍による領域コントロール能力は飛躍的に向上し、わが国シーレーンおよび航空路に重大な脅威となろう。

本年七月二十五日には、釜山金海《キメ》空港発ラオス・ラオエア航空旅客機QV916便（釜山ビエンチャン便）が、中国防空識別圏の通過を認められずに引き返しているのだ。国際基準では、防空識別圏を通過する一般旅客機の通常飛行を当該国に阻止されることはまったく異例である。

翁長知事はこのような中国の姿勢は一切批判せず、米軍基地問題のみ強行意見を展開している。メディアは反対派の意見のみを報道するため、国民も沖縄の真相を認知できないでいる。

県内移設を阻止するため、活動資金募集のために左翼によって設立された辺野古基金は八月二十日現在、四億円を突破しており、国内のみならず外国からの送金も少なくないのである。

沖縄県民の意識変化に期待する

以上、このような沖縄情勢を放置すれば、わが国の存立に重大な危機を及ぼすことになろう。

ただ、すべてが悲観的ではない。四十代以下の県民世代が国際情勢に目覚めてきており、私の主張に賛同する県民が増えつつある。また最近、私は本土メディアやインターネットテレビに出演する機会が増えてきた。

いまから四年前の二〇一一年のことであるが、私が地元大学で講師を勤めた際、受講を希望する学生が予想を遙かに上回り、大学最大の教室を使用した。地元青年男女が県内の封殺された言論空間に疑問を抱き、真実を探求しようとする光景に、私は深く胸を打たれた。

生徒の授業感想文には、「初めてまともな講義を受けた」「先生の授業内容をメモして夕食時家族で学習しております」という内容もあった。

しかし不運にも、左翼教授陣によって私の講師の任期延長を拒否され、在任半年で大学を追われたが、その際も教え子たちが講義継続の署名を集めて大学に提出してくれた。

また、地元メディアによる情報隔離政策のなかにあっても、県民感情に変化が生じてきている。

与那国、石垣等の離島住民は中国の脅威を認識し始めており、選挙や住民投票にその結果が如実に表れている。また、両島教育委員会は猛烈な左翼団体の圧力を受けながらも、公民教科書に保守系の「育鵬社」の教科書を連続して採択している。

本書発刊にあたり、沖縄県民が被害者意識を転換し、沖縄が東アジアの平和と繁栄の礎《いしずえ》になっていることに誇りをもつ日が到来することを祈念している。

平成二十七年八月

首里より東シナ海を臨みながら

惠隆之介

新・沖縄ノート

沖縄よ、甘えるな！

◉目次

第3章　歴史のなかに見る沖縄の姿

第4章 米軍政下で味わった贅沢

終章 沖縄をどう統治するか

装幀／神長文夫＋柏田幸子

戦略的視点で見た沖縄地図

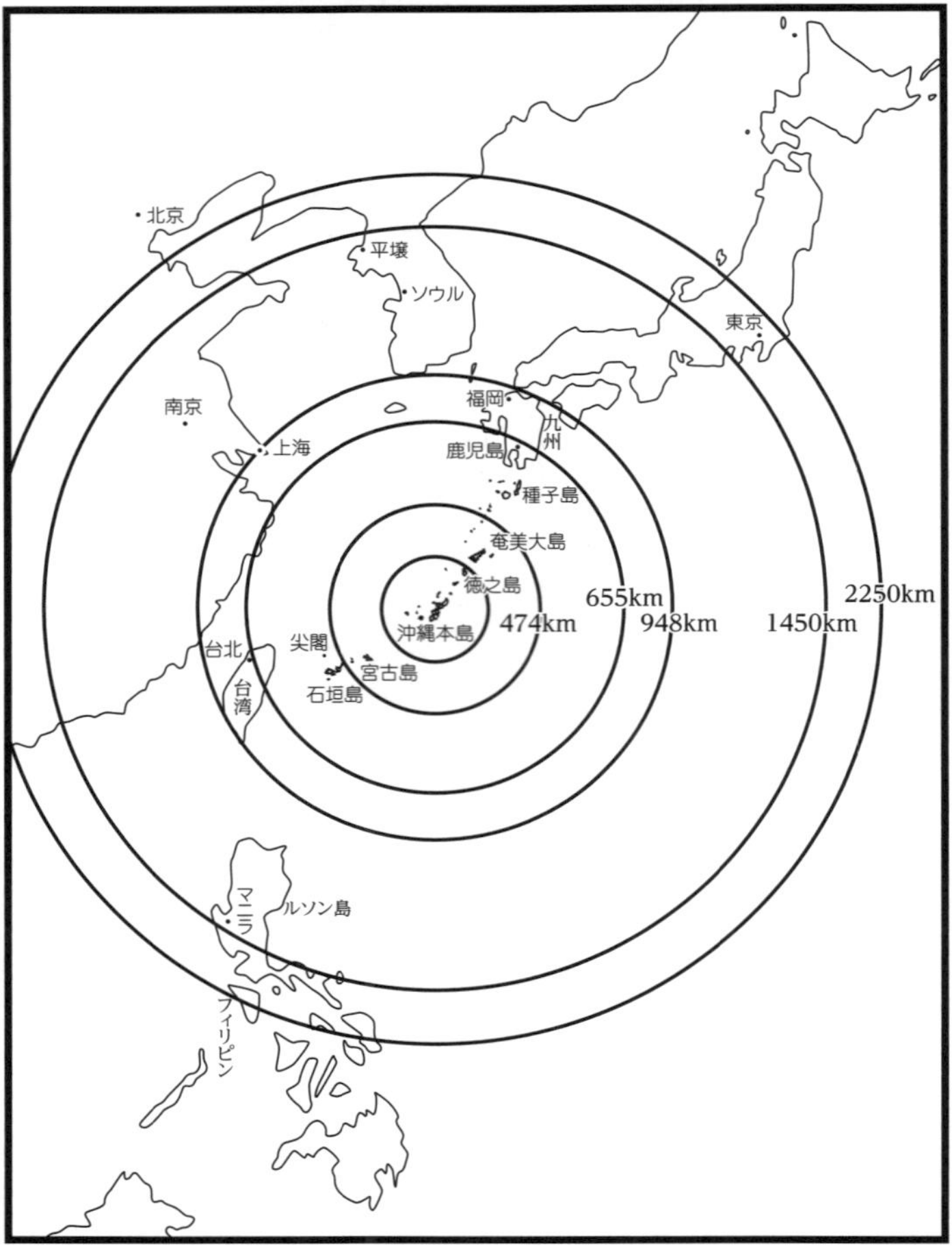

第1章

沖縄に迫る危機

翁長雄志知事の魂胆

「（米軍）新基地は絶対に沖縄に作らせない」

翁長雄志《おながたけし》沖縄県知事は、このフレーズを繰り返す。

米海兵隊普天間飛行場の県内移設作業は、既存のキャンプ・シュワブ内（本島北部）への移設であるが、敢えて「新基地」とアピールすることによって反対運動を有利に展開しようとしている。

現在、沖縄では日米両国政府の合意と仲井眞弘多《なかいまひろかず》前沖縄県知事の埋め立て承認に基づき、移設作業が進められている。これは同基地沖合、百二十ヘクタールの埋め立てを伴うものである。

反対派は埋め立て工事を阻止しようと、海上で妨害活動を活発化している。メディアは毎回、「市民による反対運動」と喧伝《けんでん》するため、一部国民は地元民による自然保護活動と受け止め、同情さえしている。反対派は、実は革マル、革労協等のプロ集団であるのだ。

政府はこの執拗な反対運動に妥協し、本年八月四日午前の閣議で、八月十日から九月九日までの間、工事を中断し、沖縄県と対話を行なうことを決定した。

八月十八日、翁長知事と菅義偉《すがよしひで》官房長官は沖縄で移設作業に関し、工事中断後、二回目の協議を行なった。

その際、知事は官房長官が昨年の知事選挙の際、「（仲井眞弘多知事再選の際は）普天間基地の使用期限を二〇一五年二月から起算して五年以内とする」とした発言を引用し、五年以内閉鎖を質したところ、官房長官は「地元の協力がなければ難しい」と前置きしながら、辺野古移設工事が進捗《しんちょく》していることを条件とした。

知事はその際、「『辺野古移設が唯一』という発言はやめてもらいたい」と強調しながら、県内移設に反対している。

この発言を聞いて、私は知事の言動に疑問をもった。

いまから十六年前の平成十一年（一九九九）十月十五日、沖縄県議会議事録に、翁長県議（当時）が議員を先導して、内閣総理大臣以下七閣僚および沖縄県知事に行なった「普天間飛行場の早期県内移設に関する要請決議」が思い出された。

そのなかに、「普天間飛行場の県内移設による返還を初め多くの事案が日米両政府で合意されたことは、沖縄県民の基地負担の軽減に対する日米両政府の強い決意の表れと評価するものである」と前置きしている。

知事は当時、自民党沖縄県連幹事長として辺野古移設推進派のまとめ役を担っていたのである。共産党の反対もあって、決議は未明に及んでいた。

自ら県内移設を条件とする普天間基地返還を主唱しておきながら、いざ実施段階に入ると反対に回る。本土では考えられない現象である。

その根底には、米海兵隊新型機MV22「オスプレイ」配備を阻止し、併せて普天間基地封鎖を行ないつつ、米海兵隊を沖縄から撤退させようとする左翼運動に便乗して自らの地位を固めようとする魂胆が見えてくる。

翁長は平成二十六年（二〇一四年）十一月に行なわれた知事選挙で、県内移設阻止のワンイシューを掲げて仲井眞知事に十万票以上の大差をつけて当選した。

その背後には、メディアによるしたたかな工作があった。

今年五月二十七日、知事は「米国が県民の基地移設反対意思を無視できない」ことを伝えると息巻いて米国に出発した。その際、米国政府高官と面談を希望したが、県独自ではそれができないため、外務省に懇請してようやく実現した。

六月五日、那覇空港に帰った知事は三十名前後の支持者や記者に取り囲まれた。その際、「米国に沖縄県民の気持ちが伝わったと堅く信じている」と自画自賛した。

実は、知事が希望した訪問先には外務省からメモが渡っており、「辺野古が唯一の選択肢」と明言されていた。そればかりか、ワシントンで予定されていた沖縄出身者による歓迎晩餐会は、翁長の過激な発言が嫌悪されて直前にキャンセルされていたのである。

メディアが国民にこのような実態を知らしめないため、知事はいかにも悲劇のヒーローに映るのである。

地元メディアがいかに誤報を流しているか

知事を繰り出す地元メディアもしたたかである。この元凶が『琉球新報』『沖縄タイムス』地元二紙だ。ここで、知事をガリバー化させた経緯を述べたい。

平成二十三年（二〇一一）六月、在日米軍より米海兵隊主力のＣＨ46ヘリコプター後継機として、垂直離発着ＭＶ22「オスプレイ」が普天間基地に配備されることが日本政府および県に伝達された。すると、沖縄ではたちまち配備反対運動が生起していた。

平成二十四年（二〇一二）後半、その運動はピークに達した。翁長（当時、那覇市長）はこれに乗じて、存在価値を不動にものにした。

平成二十四年七月一日午前、森本敏防衛大臣（当時）が県庁を訪問してオスプレイの沖縄配備を伝達したところ、仲井眞知事（当時）は記者団に対し、「配備を強行したら、沖縄全米軍基地閉鎖という動きを行なわざるをえない」と発言し、日本政府を慌てさせた。ところが、仲井眞は翌平成二十五年（二〇一三）十二月二十五日、閣議で沖縄振興予算が希望額を超える決定がなされたこともあって、これまでの主張を翻《ひるがえ》して辺野古沖の埋め立てに同意した。

地元メディアは、「県民に対する背信行為」と批判を集中させた。この結果、翁長那覇市長（当時）は翌平成二十六年（二〇一四）十一月の知事選挙へ驀進《ばくしん》していったのである。

平成二十四年七月二十三日、オスプレイは岩国基地に海路で十二機が運ばれ、整備作業および飛行訓練のあと、十月一日、岩国から普天間に漸次《ぜんじ》飛来した。

仲井眞知事（当時）はその日、北京にいた。翌日には、唐家璇《とうかせん》元外相から「オスプレイ」の話を持ち出されて困惑する。また、同時に又吉進知事公室長をワシントンに派遣して、配備反対意見を米政府関係者に伝達している。

仲井眞の北京訪問の大義名分は、沖縄県北京事務所開所式に臨席するためであった。一方、地元二紙は競うかのように、オスプレイがあたかも従来の主力機CH46を上回る事故率があると毎日喧伝し、いつ民間地域に墜落して惨事を引き起こすかという不安心理を県民に煽った。

オスプレイ配備反対県民集会は平成二十四年八月五日、宜野湾海浜公園で予定された（台風接近のため九月九日に変更）。この時期、尖閣諸島方面では中国公船が領海侵入を繰り返していたが、沖縄県内では問題視されなかった。

『琉球新報』二〇一二年八月三日付一面トップに、「オスプレイA級事故で海兵隊評価基準かさ上げ一〇〇万ドルから二〇〇万ドルに（事故）発生率低く調整か」と見出しをつけたワシントン発の記事を掲載した。

二〇一一年十月の米誌『WIRED』に掲載されたオスプレイ事故率の低さに疑問を呈した記事を情報源にしたことを明記し、「次期主力輸送機と位置付ける海兵隊が安全記録を良好に見せ掛けるために事故の評価基準を臆せずに変更する実態が浮き彫りになった」と指摘していた。

さらに松永勝利社会部長も同朝刊の「特別評論」で、「事故率の低さには、からくりがある。海兵隊は二〇〇九年にクラスAの損害額をこれまでの『一〇〇万ドル』から『二〇〇万ドル以上』に引き上げていた。…事故率を低くする巧妙な数字の操作が行われていたのだ」と指摘していた。

しかし、いずれも改竄《かいざん》であった。

同紙が引用した『WIRED』の記事には、「二〇〇九年十月、国防総省高官はインフレのためランクAを、『二〇〇万ドルまたは死者』に基準を引き上げた」(Then, in October 2009, the Pentagon brass revised the threshold upwards to $2 million or a fatality, owing to inflation.) と書かれており、損害基準変更の事実関係を正確に報じていたのである。

なにより、事故の評価基準を変更した主語は「米海兵隊」ではなく米軍であったのだ。

琉球新報は二〇一二年八月二十五日付社説でも、「海兵隊はクラスAの分類を当初は損害一〇〇万ドル以上としていたが、〇九年以降は二〇〇万ドル以上に変更し、事故率を低く見積もるよう工作していた。数合わせのようなことをして『安全だ』と言われても誰が信用するだろうか。県民を愚弄《ぐろう》するにもほどがある」と批判している。

実際は、導入当初十万飛行時間以内におけるランクA事故はCH46が八件、MV22は三件である。海兵隊回転翼機中で最も事故率が低いことも判明している。沖縄地元メディアがいかに誤報を流しているか、これで理解できよう。

翁長はオスプレイ配備反対運動が盛り上がっている頃、那覇市長であった。オスプレイ配備に反対する県民大会共同代表を務めたばかりか、那覇市内から大会会場が所在する宜野湾市間のバス無料券を公費で負担したのである。また、負担対象も那覇在住者に限定しなかった。

沖縄に迫る中国

さらに、従来にも想像もできなかった事案が発生する。

オスプレイ配備前夜、平成二十四年（二〇一二）九月二十九日午後より三十日深夜にかけて、左翼団体が普天間基地の四つのゲート前に私有車を乗り付け、同時に座り込みを行なって基地の通行を遮断した。

仲井眞知事はこの情報を聞きながら、県警にデモ隊排除の要請を行なわなかった。結局、在沖米軍司令部が日本政府へ要請し、ようやく排除されたのである。

排除の機動隊と対峙した地元左翼活動家が警察官に対して「お前たち沖縄人だろう？　どうして反対運動に加わらないのか」と怒声を発するシーンに、反基地運動の過激さが理解できた。

普天間基地は国連指定基地である。主に朝鮮半島三十八度線（休戦ライン）を目標にしており、戦争再発の際は日本政府と事前協議することなく攻撃兵器を持ち込める第一線基地でもあるのだ。左翼は、この基地を約十八時間閉鎖するとはまさに「平和への罪」と言えよう。

平成二十二年（二〇一〇）五月二十日、リー・クアンユーシンガポール顧問相は柳井元駐米大使と都内で対談し、米軍普天間基地の移設問題に言及、「沖縄の米軍基地が閉鎖されれば米軍の展開力が損なわれ、アジアに有益でない」と懸念を示しながら、早期解決に期待を示していた。

沖縄の反日反米運動は過熱していった。今度は沖縄独立運動である。オスプレイ配備を強行した日米両国政府へ抵抗するというものである。

平成二十五年（二〇一三）四月二十八日、安倍晋三首相はサンフランシスコ講和条約発効の日を「主権回復記念の日」として、都内で式典を挙行した。

ところが地元メディアは、沖縄が当時、米国の信託統治に置かれたことを指摘して、「日本政府は沖縄を米国に売り渡した」として「屈辱の日」と規定し、県民集会を開催した。場内には革マル等の極左系の旗が掲揚されていた。

また五月十五日、沖縄施政権返還記念日には、左翼大学教授を発起人として「琉球民族独立総合研究学会」が設立された。この団体は翌平成二十六年（二〇一四）五月には北京大学のシンポジウムに招待され、「琉球の帰属は未定である」という文言採択を強制される。

さて、翁長はこうして二〇一二年十一月、那覇市長四期目の選挙に臨み圧勝した。沖縄に配備された「オスプレイ」は平成二十七（二〇一五）年八月現在、沖縄配備以来一件の事故を起こすこともなくオペレーションを続けている。

平成二十五年（二〇一三）十一月（翁長那覇市長四期目当選一年目）、フィリピン・レイテ島を巨大台風が襲い、多数の国民が被災した。

沖縄海兵航空隊は「オスプレイ」を同方面に急派、普天間基地から無給油で三時間で飛行したばかりか、垂直離発着機の利点を活かして孤立した被災住民一千二百名を救助し、救援物資二十トンを運搬したのである。ところが、地元メディアはこれを一切報道しなかった。

一方、この年（二〇一三）の秋、中国人民解放軍は四万の大軍を動員して沖縄県石垣、宮古両島への同時上陸訓練を実施、十一月二十四日には一方的に防空識別圏の設定を宣言したのである。

沖縄地元メディアは、沖縄を取り巻く安全保障上の危機も一切報道しないのである。

沖縄反基地の背後に見える中国の影

平成二十五年（二〇一三）三月十四日、国家主席に就任した習近平《しゅうきんぺい》は、沖縄の県民性を熟知している。

習は一九八五年、福建省厦門《アモイ》市の副市長に就任したのを皮切りに昇進を続け、二〇

○○年には福建省省長（県知事）に就任した。この間、約十七年にわたって福建省に勤務したことになる。沖縄へも数回来県し、地元政財界関係者と親交を深めている。

沖縄と中国福建省は歴史的に関係が深い。明《みん》国の時代、福州には「琉球館」が置かれており、琉球王府使節はこれをベースに北上し、中国皇帝に朝貢した。また、福建から民衆が東シナ海を渡って沖縄に移住している。

このため、生活様式が似ており、特に墓の形状は酷似《こくじ》している。日華事変で応召《おうしょう》し、中国戦線に赴《おもむ》いた県出身兵士が福建に進出して、その風情《ふぜい》に故郷を思い出して落涙《らくるい》したという話がある。

那覇市は昭和五十六年（一九八一）五月二十日、その福州市と友好都市を締結する。また、平成十七年（二〇〇五）一月十三日、翁長知事は那覇市長として福州市より栄誉市民の称号を授与された。平成二十三年（二〇一一）には、福州で開催された福州友好都市締結三十周年記念式典に、航空機をチャーターして那覇市議会議員をはじめ県内政財界合計二百九十四人を帯同している。

今年四月十四日、知事は今度は河野洋平元衆議院議長とともに北京を訪問し、人民大会堂で中国ナンバー２の李克強《りこくきょう》首相に面談した。その際、福建省との経済交流促進を要請している。

同時に、琉球王国関連史料が保存されているとされる歴史館を訪問しながら、沖縄中国間の歴史をことさらアピールしている。

中国はこのような翁長に利用価値を見出しており、盛んにラブコールを送ってきている。

ここで、その工作の一端を披瀝《ひれき》したい。

沖縄大学教授で『環球時報』のコラムニストである劉剛は、「沖縄の帰属先は未定、日本は我が物顔をするな」と主張しながら、親中ムードを県内に醸成している。また、劉は「中国社会科学院」の司令を受けて、県民識者を誘って北京で開催される沖縄関連シンポジウムへ送り出している。

目的は、シンポジウムの状況を中国全土へ放映しながら「沖縄の帰属先は未定」のフレーズを県民から引き出し、沖縄侵攻への民意作りであるのだ。

「中国社会科学院」は沖縄独立工作の担当機関で、中国国務院(内閣)の指揮下にある。

ところで昨年十一月、翁長が知事選挙に当選するや、二日後には中国国際友好連絡会(友連会)が沖縄を訪問して知事に祝意を表している。

これは中国人民解放軍の工作機関で一九八四年、鄧小平《とうしょうへい》の発案で設立された。現在、会長は李肇星《りちょうせい》元外相、副会長に鄧小平三女・鄧榕《とうよう》氏、顧問は習近平夫人、彭麗媛《ほうれいえん》氏である。

平成十五年（二〇〇三）頃より頻繁に来日しており、現在も年に数回、沖縄を訪れている。友連会は、翁長知事の二代前の稲嶺恵一知事の頃から沖縄を頻繁に訪問している。

平成十七年（二〇〇五）、福州友好都市締結三十周年記念訪問団の訪中や、歴代知事の中国訪問をアレンジしているのだ。

平成十七年六月十六日、稲嶺知事（当時）一行が北京で国賓なみの処遇を受けた際も、友連会が参加していた。友連会はまた、離島における中国軍の工作も担当している。平成十五年頃、宮古島近隣にあって遊休化した下地島空港（三千メートル滑走路）の賃貸を宮古島財界に打診しているのだ。

一方、在福岡中国総領事の李天然《りてんねん》も知事選挙最中の昨年十一月下旬、那覇市役所を訪問したばかりか、今年一月にも知事を表敬訪問している。

その際、福建省福州市と那覇間の航空便の開設、県庁職員や県内大学生を一年間、北京の外交学院に留学させるプランへの協力を要請している。親中国派を県内に育成するのが目標とされるが、沖縄・中国間の人材交流は一方通行ではない。

名護市は今年八月十九日、二〇一六年度以降、市内に所在する名桜《めいおう》大学卒業生が名護市役所就職を希望する際、一次試験を免除することを発表した。現在、同大学には多数の中国人留学生が学んでおり、今後、就職が増加するものと思われる。

中国が打ち出した第一列島線と第二列島線

平成九年（一九九七）、中国は「海軍発展戦略」を打ち出し、第一列島線および第二列島線の概念を強調した。第一列島線は達成予定を二〇一五年としており、九州、琉球列島、台湾、フィリピン、ボルネオに至るラインで、中国沿岸と同ラインを囲む海域を実効支配する魂胆である。第二列島線は達成目標二〇二〇年、小笠原諸島、グアム、サイパン、テニアン、パプアニューギニアに至るそれである。ちなみに、これまでに中国は空母六隻を建造保有する予定である。

中国はさらに、二〇四〇年には西太平洋からインド洋、アフリカ東岸に至るラインを支配下に置こうとしている。まさに、明(みん)帝国時代の鄭和(ていわ)艦隊の再現を夢見ていると言えよう。この艦隊こそ、列強のアジア進出より七十年早く、兵員二万五千人を擁し、西太平洋からアフリカ東岸を制圧した大艦隊であった。

中国はとりわけ、第一列島線に含まれる部分を「核心的利益地域」と規定しており、接近拒否の主対象を米海軍空母戦闘群に置いている。東シナ海におけるその核心的利益のターゲットは、明らかに台湾および沖縄であるのだ。未だ完全達成には至っていないものの、中国は確実に射程圏内に入れつつある。

一方、中国は同年に国防の範囲に海洋権益の維持を明記した「国防法」を施行、さらに現在、国家海洋局が中心となって、島嶼《とうしょ》の管理を強化する「海島法」の立法作業を進めている。

沖縄県には百六十一の島がある。有人島はそのうち六十一カ所。残りの百カ所近くは警察官もいない。そこに中国軍が侵入しようものなら、わが国独力では防衛は無理である。

これを牽制できるのは沖縄に駐留する米海兵隊であるが、左翼はその足となる普天間飛行場の県外撤去、海兵隊撤退を主張している。平成二十二年（二〇一〇）より海上自衛隊は、沖縄海域防衛の拠点として沖縄勝連《かつれん》基地の燃料貯蔵施設の収容能力を十倍に拡張した。ところが、弾薬庫を有していないのである。

中国に次々と籠絡される東南アジア各国

ところで平成二十二年（二〇一〇）七月二十三日、ハノイで開催されたASEAN地域フォーラムで、ヒラリー・クリントン国務長官（当時）は「南シナ海の航行の自由は米国の国益であり、同海域の領土紛争関係国の多国間協議を支持する」「ワシントンの国益は南シナ海における紛争の国際的解決だ」と発言した。南シナ海の問題はASEAN諸国全体の問題であるとして、ASEANの結束と米国のコミットメントを強調したのである。

中国はこれに反発し、楊《よう》外相（当時）が紛争当時国との二カ国対話を強調した。フォーラムが開催される前後、タイを除く東南アジア各国は米国案を支持したが、次第に中国の経済への誘惑に動かされ、二国間協議へとシフトしていく。ベトナムがその典型である。

平成二十二年六月以降、南シナ海においてベトナム漁船が中国漁業監視船によって三十一隻以上が拿捕《だほ》され、漁民が抑留されたのみか、九月には中国漁業監視船から銃撃まで受けている。

また、平成二十三年（二〇一一）の五月には海南島（中国領）南方六百キロにあるベトナム国営石油会社、ペトロベトナムの開発鉱区で、同国の石油探査船のケーブルが中国監視船によって切断された。怒ったベトナムは、六月十三日には米国の制止を振り切って海軍による実弾発射訓練を実施した。あわせて六月以降、毎週日曜日ごとに中国糾弾のデモがハノイや東京で行なわれていた。中越関係は一触即発に見えた。

ところが七月十日以降、ベトナム政府（ベトナム共産党）はデモを停止させた。また六月十九日からは、中越両海軍は南シナ海で共同行動をとるようになり、中国海軍の要港湛洪で交流行事にさえ応じている。当時、ベトナムは欧米の財政悪化で輸出が停滞し、内需主導で景気回復を図っているものの、消費者物価指数が三カ月連続で二〇パーセント超というインフレが進行しており、対策に苦慮した政府は中国との経済交流拡大で危機を乗り越えようとしていたのだ。

一方、フィリピンは米国の影響が強く、中国の戦略に徹底抗戦するかに見えた。ところが、この国も籠絡《ろうらく》された。

平成二十三年八月三十一日、胡錦濤《こきんとう》国家主席（当時）は北京訪問中のアキノ大統領に、今後五年で対フィリピン投資を拡大する五カ年計画に合意した。フィリピンは、沖縄県のように領土問題を棚上げにして中国からの経済支援受け入れに傾いていたのである。同国保守派からは、「領土問題を経済支援を引き出すカードに利用した」という批判さえ起きるほどであった。

フィリピンは平成三年（一九九一）、スービック海軍基地から米海軍を撤退させた。その直後から、中国はフィリピンが領有する島嶼《とうしょ》に進入し、平成七年（一九九五）にはミスチーフ島を奪い、軍事基地を建設したのである。

さらに中国は数年前から、イロキス環礁に施設建設を開始した。慌てたフィリピン政府は、デルロサリオ外相をワシントンに派遣して、領海防衛に関する米軍のコミットメントを得るべく密かに働きかけていたのである。

沖ノ鳥島周辺海域で潜水艦と艦艇の統合運用訓練を実施

話を戻そう。中国は第一列島線を確保するため、装備も充実してきた。

平成二十二年（二〇一〇）、第一列島線を越える射程をもつ対艦弾道ミサイル「東風21D」を開発しており、ステルス戦闘機Ｊ20の試験飛行を実施した。前者は「空母キラー」とも言われる準中距離弾道ミサイルで、射程距離一千五百〜二千キロ、大気圏外からマッハ10ぐらいの速度で落下する。これは迎撃は不可能であり、米空母は第一列島線内には入れないことになる。

その他、中国は接近拒否能力を複合的に整備するため潜水艦、水上艦艇による機雷《きらい》敷設《ふせつ》戦《せん》を想定しているのだ。そのなかで、中国海軍が最も注目しているのが機雷戦である。これは費用対効果で絶大なものがあり、また米海軍が苦手とするものだ。近年、日米両国の掃海艇が石垣、宮古方面で行動するのもこれに備えてのことである。

平成二十三年（二〇一一）六月、中国海軍は従来の訓練より一歩飛躍した訓練を実施した。潜水艦と水上艦艇による統合運用訓練である。中国艦隊十一隻は、沖縄・宮古間の海峡を通過して「沖《おき》ノ《の》鳥島《とりしま》」周辺海域で射撃訓練、艦載ヘリの夜間離発着訓練等を行なった。明らかにわが国に対する威嚇《いかく》である。

これらはＮＨＫの航空機によって撮影されて報道されたが、海上自衛隊と米海軍は、艦隊が行動する水面下に中国海軍の原潜が複数行動しているのを探知していた。米海軍は琉球列島より台湾海峡、フィリピンに連なる広範囲に水中聴音機を設定しており、この上を通過する潜水艦は、音紋《おんもん》によってかなりの確度で識別できるのだ（SOSUSシステム）。中国海軍はこの訓練が日米に探知されているのは承知のうえであるが、潜水艦部隊を帯同して訓練を行なったことは、次の能力があることを示すことによって日米を牽制することを主眼としている。

一、有事発生時、潜水艦をもって米空母戦闘群を攻撃牽制する能力を有したことを誇示する。

二、潜水艦をもって隠密裡《おんみつり》に第一列島線上に機雷を敷設できる意図と能力を示す。

台湾有事の際、米空母戦闘群が第一列島線のなかに入らねば、抑止力は大幅に減退するのだ。平成八年三月から八月にかけて台湾海峡ミサイル危機が発生した際には、米海軍は台湾海峡の南北に二個空母戦闘群をそれぞれ配置して、中国軍の台湾侵攻を牽制していたのだ。

米国経済の最大の債権者となった中国は平成二十三年八月、米国に対して財政赤字の削減を提唱し、軍事費の削減を公然と主張している。いずれ、米軍のアジアからの撤退を主張するようになろう。加えて、現在のようなわが国の能天気《のうてんき》ぶりに、米国世論は日本、沖縄防衛の放棄を主張するかもしれない。

沖縄は中国の特別自治区か？

政府は平成二十三年（二〇一一）七月一日から、中国人観光客に三年以内なら何度でも日本に出入国できる数次ビザ（査証）を発給した。驚くべきことに、これには沖縄で必ず一泊することが条件になっていたのだ。一回の滞在期間も最大九十日に延長され、従来の十五日の六倍になった。また、家族のうち一人でもそれを取得すれば、二等親《とうしん》以内の家族すべてが同ビザを取得できる。

中国政府はこれに答えて七月七日、中国南海航空を週二便、就航させた。また、国際航空も就航させる予定だ。七月七日と言えば、盧溝橋《ろこうきょう》事件勃発《ぼっぱつ》の日である。この日に北京―那覇直行便を就航させることは偶然と言えるだろうか？

沖縄県の中国人観光客誘致目標は年間十万人である。ちなみに、平成二十二年度のそれは二万四千七百人（前年度比四〇パーセント増）であった。

中国は沖縄への投資に意欲を示しており、すでに宮古下地島《しもじしま》空港（滑走路距離三千メートル）を、「平和利用」を大義名分に借用を打診してきている。現在、これは民間旅客機パイロット訓練に使用されているが、燃料高騰で使用頻度は年々低減している。宮古観光協会を訪れた友連会（中国国際友好連絡会）は、「下地島空港を独占的に借用し、中国人富裕層が自家用機で飛来できる観光スポットを建設したい」と構想を披瀝《ひれき》している。

同空港北西百八十キロには尖閣諸島があり、空自戦闘機部隊が展開する那覇基地から尖閣諸島までの距離、四百四十キロに比べ、距離にして半分以下である。

防衛省や米軍が有事の際の使用を検討しているが、沖縄県知事は同空港建設時、屋《や》良朝苗《らちようびよう》知事と佐藤栄作首相（いずれも当時）が「平和利用以外に使用しない」という誓約文章を交わしており、これを盾に同空港の使用を許可しようとしないのである。

平成二十一年（二〇〇九）一月、わが国が中国・青島に総領事館を開設したとき、中国側は外交相互主義を持ち出して、沖縄への領事館開設を要請してきた。このときは、米軍基地政策の理由から外務省が反対して阻止したが、今後、中国は沖縄観光客増員推進を交渉材料に、沖縄県を動かし、開設を迫ってくることは確実である。現在でも、観光客に扮《ふん》して中国軍情報部の部員が沖縄をたびたび調査している。そうなれば堂々と活動をするようになり、沖縄住民への離日工作、米軍自衛隊諜報工作を活発化させるであろう。

実は平成十四年（二〇〇二）八月、民主党は那覇市で「民主党21世紀沖縄ビジョン」を発表している。これは三項目から成り立っており、このなかですでにノービザで中国人を年間のべ三千万人ステイさせることが謳《うた》われているのだ。

また、沖縄の独自通貨を制定するとともに全県自由貿易地域に指定し、企業誘致のための金融特区を設け、法人税の減免処置を講じるとも明記されている。さらに、道州制導入の際は「沖縄だけは単独州として独立させる」と強調されているのだ。一項目「沖縄を考える」では冒頭、琉球王国を日本が侵略併合したと記述されており、「第二次大戦において国内で唯一地上戦闘を経験した」とも記されている。

平成二十二年（二〇一〇）十一月十一日、中国人民共和国通信「China.com」には、中国船による尖閣沖巡視船衝突事案に関して、次の書き込みがあった。

「琉球群島の原住民は大部分が福建《ふっけん》、浙江《せっこう》、江蘇《こうそ》人の後裔《こうえい》で、一九四五年（昭和二十年）、琉球列島の原住民はかつて日本軍によって殺戮《さつりく》され、その数は約二十万人に及ぶ。島内の民衆は日本のやつらを非常に恨んでいる。日本の海上保安庁の艦艇が福建籍の漁船にぶつかって取り押さえたとき（原文のママ）、あとで琉球群島島民の心はかえって急速に日本政府と決裂する傾向がある」

さらに同紙には平成二十二年（二〇一〇）十一月、二期目の選挙選に臨む仲井眞弘多沖縄県知事を「中国人の子孫であると推定」と表現しており、「立候補者の仲井眞弘多は動員力があり、出陣式で初めての演説で一千二百名の支持者が集まった」と表現している。

その一カ月前の十月には、武漢《ぶかん》市で反日デモが三日連続して発生したが、「収回琉球、解放沖縄」と書かれた大きな横断幕があった。平成十九年には、中国共産党による沖縄属領化工作文章「琉球復国運動綱領」が発行されており、九条からなる琉球共和国臨時憲法さえ、すでに準備されているのだ。

平成二十三年一月二日、香港で尖閣諸島の占領を訴える「世界華人保釣《ほちょう》連盟」が結成された。台湾中華保釣協会秘書長の黄錫麟《こうしゃくりん》が、全世界の中国人に「保釣活動」に参加するよう呼びかけている。そして四十四年前の昭和四十六年、日米間で沖縄返還協定が調印された六月十七日を「民間魚釣島の日」に制定し、「一千隻以上の船で同島を包囲、占領する」と宣言した。

二〇一一年二月十九日付の中国紙『環境時報』には、元中国大使館員の唐淳風が「琉球は日本政府が清《しん》国から奪い取ったもので、住民の大部分は福建、浙江、台湾付近の出身で、言葉も制度も中国大陸と同じだった」という論文を掲載している。

二月には、中華民族琉球特別自治区援助委員会が結成された。三月二十二日、世界の中国人に向けて発行された「中華民族琉球特別自治区援助委員会広告」には中華民族大団結と印字されており、馬英九《ばえいきゅう》台湾総統と江沢民《こうたくみん》元国家主席の写真が左右に貼られている。

ところが、世界華人連盟による尖閣占領計画は、自衛隊、海保が厳戒態勢をとったことで中止された。

沖縄教職員会を中心とする〝被抑圧史観〟教育の徹底

一方、沖縄は県民の熱望によって昭和四十七年（一九七二）五月十五日に日本に復帰した。だが近年、中国と呼応するかのような教育が沖縄教職員会によってなされている。「琉球王国は日本によって滅ぼされ、住民は沖縄戦に巻き込まれ、多くの住民が日本軍によって虐待された」という被抑圧史観が、若年層に定着してきている。

平成二十一年（二〇〇九）、沖縄県はこの史観を徹底させるため、薩摩侵攻四百周年、廃藩置県百三十周年と銘打って、関連行事を挙行した。

これと呼応するかのように、平成二十四年度から使用される中学教科書（育鵬社と自由社を省く）に、アイヌや沖縄の記述が著しく増加している。さらにこのコンセプトを分析すると、両者を先住民（被抑圧民族）と規定し、大和民族（抑圧民族）と対立させることによって、国民のアイデンティティに亀裂を生じせしめようとする動きさえ感じられる。高校教科書にもこのような傾向が見える。

平成十九年三月、教科書検定審議会（以降、「検定審」と呼称する）は、沖縄戦に関する記述のなかで「住民自決に際し、（日本）軍の強制（命令）があった」とする従来の記述を改め、「軍の強制（命令）」という文言を削除することを公表した。この起点は平成十七年十月二十八日、大阪地裁で開始された「沖縄集団自決冤罪《えんざい》訴訟」である。

被告は、ノーベル文学賞受賞作家の大江健三郎、原告は梅澤裕《うめざわゆたか》元少佐（沖縄座間味《ざまみ》島元守備隊隊長、平成二十六年死去）、赤松秀一《あかまつひでかず》（元慶良間《けらま》列島渡嘉敷《とかしき》島守備隊隊長、赤松嘉次《よしつぐ》元帝国陸軍大尉令弟《れいてい》）である。

大江は著書『沖縄ノート』において、両隊長が沖縄戦で住民を「屠殺《とさつ》した」と表現しているのだ。

本裁判は一審、二審とも、両隊長の自決命令は証拠上、断定できないと結論しながらも、論点を拡大して軍の関与を認め、名誉毀損《めいよきそん》を否定したのだ。沖縄戦は明治憲法下で戦われており、しかも当時、戒厳令《かいげんれい》は布告されていなかった。したがって、一般民法が適用されているなかでの軍の関与は疎明《そめい》できないのである。

ところが、戦後生まれで戦争放棄を謳った現行憲法を遵守《じゅんしゅ》する裁判官にとって、軍の存在自体が「推定有罪」となるのである。

最高裁第一法廷は平成二十三年（二〇一一）四月二十一日、本件の上告を棄却したが、

「住民自決における軍命令があった」とする説は証明できなかった。住民自決が戦後、「軍の命令によった」とされたのは、遺族年金を受給するため、地元側から両隊長に偽証を依頼したのが真相である。

ところが、このような「軍命削除」の検定結果が公表されて以来、沖縄では猛烈な検定意見撤回運動が起きた。そもそも教科書検定制度は文部科学省の管轄下で、教科書に記載された内容を調査研究することによって真実と精査対照するものであって、沖縄左翼や第三国の圧力によって記述内容が左右されるものであってはならないのである。

こうして沖縄では平成十九年六月より抗議集会、署名運動、シンポジウムが左翼団体によって間断なく行なわれ、六月二十八日までに検定意見撤回の意見書が、県議会をはじめ県内四十一市町村の全議会で可決された。左翼団体の中核は沖縄教職員会、高教組、自治労である。

平成十九年九月二十九日、「検定意見撤回県民大会」が本島中部、宜野湾《ぎのわん》海浜公園で開催された。仲井眞知事（当時）は県教育庁に大会への動員指令を発し、小学校児童を含む教職員、およびＰＴＡ関係者にまで大会参加を強要していた。ところが当日、集会には実行委員会の目標五万人以上を遙かに下回る一万八千百七十九人しか参集しなかったが、主催者は十一万人が参集したと喧伝《けんでん》した。

政府はこの架空の参加者の数を鵜呑《うの》みにして翻弄《ほんろう》され、自民党沖縄振興委員長の山崎拓《やまさきたく》代議士（当時）などが、同派閥の渡海紀三朗《とかいきさぶろう》文部大臣（当時）に、「検定審」に対し、検定意見撤回を行なうよう指示しているのである。この結果、同年平成十九年十二月二十六日、「検定審」は「強制」の文言を「関与」にすり替えて訂正申請に屆した。この文言は、解釈によっては強制も命令も含まれるのである。

さらに教科書六社のうち、三省堂や東京書籍は注釈（後者は側注）を新設して左翼のドグマをそのまま引用し、帝国陸海軍を極悪非道の組織であったかのように描いている。

ここで注目すべきことがある。県民大会実行委員のなかに、日中友好協会沖縄県支部や反戦地主会が名を連ねていたのである。反戦地主会は平成九年五月、北朝鮮と密接な関係にあることが暴露されて、国民を驚かせている。

第2章

普天間基地問題は解決できる

昭和三十七年に航空基地として拡張竣工された普天間基地

普天間《ふてんま》米海兵隊航空基地の移設問題がマスコミを賑《にぎ》わしている。本件は、東日本大震災で在日米軍に対する国民の意識は好転したが、沖縄県民は相変わらず「県外移設」を主張し続けている。

震災の翌日から、普天間基地所属のヘリや空中給油機による被災地支援活動が開始され、国民とくに被災地住民に感謝されたが、地元メディアはこのような活躍を一切報道せず、また福島原発の放射能漏洩《ろうえい》事故を米軍基地に投影している。

この救援活動で見せた米海兵隊の迅速な行動は、第一海兵航空団（普天間基地）、歩兵部隊を擁《よう》する第三海兵師団（在うるま市）、戦略備蓄物資を管理する第三海兵兵站《へいたん》群（在浦添《うらそえ》市）が近距離にあり、かつ三位一体《さんみいったい》となって機能したことによるのだ。

とりわけ、米海兵隊は米四軍のなかで最も自己完結能力が高い。いかなる有事や自然災害にも、四十八時間以内に行動できることを基準としている。地震期に入ったわが国で首都直下型地震の発生も予測されており、沖縄海兵隊の存在価値はますます増大したといえよう。

ここで、普天間海兵隊飛行場の移設問題がなぜ生じたか、また、その日米合意がなぜ進捗《しんちょく》しないかを解説したい。

第二次世界大戦勃発《ぼっぱつ》まで沖縄には軍事基地は存在せず、県経済は農業、とくに零細《れいさい》なサトウキビ生産による黒糖製造業に集中していた。ところが、台風と干魃《かんばつ》が交互に繰り返す自然環境で、生産は限界に達していたのである。そこで県民は農業を諦《あきら》め、いまのフィリピンのように移民、出稼ぎへと旅立った。結果、県経済は県外からの送金によって赤字を補塡《ほてん》していたのである。大正十年（一九二一）から昭和十年（一九三五）まで、十五年間の送金総額は二千八百六十三万六千円（年平均百九十万九千円）に達している。

戦前の人口動態はそれを証明している。戦前、人口のピークは五十九万七千九百二人（昭和十二年）で、六十万人を突破することはなかった。沖縄の島がこれ以上に人口を養えなかったのである。ところが戦後、米軍基地が沖縄に建設された結果、基地交付金を主とする種々の補助金、米軍基地からの土地借地料、基地従業員としての雇用が発生し、また沖縄振興のネックであった亜熱帯特有の感染症も米軍によって撲滅《ぼくめつ》された。この結果、沖縄は有史以来、最高の経済繁栄を見ているのである。人口は爆発的に増加し、現在のそれは戦前ピークの二・四倍、百四十二万三千人（平成二十四年三月三十一日現在）を記録している。

普天間基地周辺は戦前、寒村で、松並木と岩苔《いわごけ》が繁茂《はんも》し、真昼でも通行量は極めて少なく、不気味なほどに閑散としていた。

昭和十七年、大本営は全島十七カ所に軍飛行場をほぼ同時に竣工した。日本海軍がこのとき、普天間飛行場を建設すべく買収したのがこの普天間基地の起源である。完成を見ずに沖縄戦を迎え、昭和二十年五月に米軍に接収されたあと、昭和三十七年七月に航空基地として本格的に拡張竣工したのである。

「基地は危険」とよく喧伝されているが、人口動態を見れば、基地が存在する市町村の人口伸び率は、基地が存在しない市町村を上回っていることが解る。とくに宜野湾《ぎのわん》市（昭和三十七年七月、村より一挙に市に昇格）の人口増加率は急激で、昭和二十五年にわずか一万五千九百三十八人だったのが、昭和四十五年には三万九千三百九十八人、平成十二年には八万六千七百四十四人となり、平成二十一年には九万二千四百六十五人を記録している。昭和二十五年に比べて伸び率は五・八倍、沖縄県全体の伸び率は一・

九倍である。

産業もないこの宜野湾市の収入源は、三千八百七十四人の地権者に防衛省から毎年支払われる七十一億七千六百万円（一人あたり百八十五万円受給、平成二十五年度実績）である。軍用地は資産デフレが続くなかでも着実に増額するため、いまは投機の対象になっており、県内金融機関もそれを担保に合計六百億円の融資を行なっている。

ところが、普天間飛行場地主の所有分を総合すると、普天間基地は水平線の彼方へ突き出てしまうのだ。本来、同飛行場は帝国海軍が買収しており、ほとんどが国有地であるはずが、現在、国有地は総面積の七・五パーセントに過ぎないのだ。これは、沖縄戦と続く米軍統治で土地登記簿が消失したうえ、戦後、米軍政府が土地所有分を自主申告制にしたため、にわか地主が多数発生したことによる。

日米合意を七年も放置させた稲嶺知事

ここで、普天間の県内移設をめぐるねじれについて、何が原因で発生し、ここまで拡大してきたか、簡単に振り返っておきたい。

平成八年（一九九六）四月に、日米両国政府はＳＡＣＯ（沖縄特別行動委員会）において、普天間基地の返還を県内移設を条件に合意した。本件は橋本龍太郎首相（当時）が米国政府に懇請して実現したものであり、米軍部は猛反対したが、クリントン大統領の説得の結果、実現したのである。

同基地周辺の人口が急増したこと、また法令上、わが国では自衛隊、米軍の飛行場は空き地と見なされ、航空法が適用されない。したがって、基地フェンスに隣接するところに住宅、大学等の建設も放任されており、クリアゾーンの設定が未整備の結果、あたかも住宅地に基地が建設された様相を呈しているのである。

平成二十二年（二〇一〇）十二月には、普天間基地進入路のフェンス近隣に居住する活動家が、通信用のアマチュア無線と称して鉄塔建設を試みた。慌てた防衛局は彼を説得し、約一千万円の資金を供出して撤回させている。

平成九年（一九九七）十一月、返還合意から一年八カ月目、県内移設を実施するため、政府は名護市辺野古《なごしへのこ》キャンプ・シュワブ沖合への海上施設建設案を決定し、橋本総理は「将来は撤去可能」として、沖縄県の説得に努めた。海面の使用権、埋め立て権限は県知事の掌中にあるため、どうしても同意を得る必要があるのだ。ところが、三カ月後の平成十年二月に、当時の大田昌秀《おおたまさひで》県知事は、基地移設慰撫《いぶ》のための振興策を制定されながらも、この案を拒絶した。そこで自民党政府は、知事選で保守系候補を擁立する。

では、受け入れ先の名護市は当時、どういう反応をしていたか。平成九年十二月二十六日、比嘉鉄也《ひがてつや》名護市長（当時）は、総理官邸で受け入れ表明を正式に行なっている。一方、代替基地建設予定地キャンプ・シュワブの住民の意見はどうであろうか。ここは十三の行政区からなるが、反対しているのは現在、四行政区の区長のみである。キャンプ・シュワブと住民の交流は、家族のように親密である。第一次イラク戦争終了の際は、区の公民館で帰還海兵隊将兵を地元民が総出で招待し、凱旋祝賀会を催しているのだ。この地域は昭和四十五年七月三十一日まで、久志村《くしそん》として独立した村であった。実はこのキャンプも、村議会が満場一致で誘致していたのである。

昭和三十年から、沖縄は海兵隊移駐に伴う第二次基地建設ブームが起こる。当時、沖縄では軍用地の借地料と支払い方法をめぐって住民と米軍民政府が対立していたが、沖縄本島北部、久志村の比嘉敬浩村長は昭和三十一年、民政官レムニッツァー陸軍大将（当時の沖縄統治権者）に、久志村議会議員全員の署名を携《たずさ》えて再三陳情《ちんじょう》し、誘致を実現している（司令官副官サンキ中佐手記「The birth of a Marine base」）。この結果、電源、水道設備もなかった村に米軍から電力、水道設備が供給され、また経済的な種々の便宜を得たのである。

これに刺激されて金武村《きんそん》（当時）も、積極的に誘致活動を展開し、誘致に成功している（誘致活動詳細、『沖縄新聞』昭和三十三年十月九日付）。前者は米海兵隊キャンプ・シュワブ（二千七十六万六千平方メートル）、後者はキャンプ・ハンセン（五千百四十四万二千平方メートル）として現在も使用されている。

平成九年三月、キャンプ・シュワブで初代中隊長を務めたワイリー・テイラー元大尉がこの地を訪ねたところ、旧村民から総出で歓迎されている。地元の嘉陽《かよう》小学校校庭で行なわれた歓迎式典では老若男女《ろうにゃくなんにょ》二百人が集まり、村民たちはテイラー元大尉をこう称賛した。

「子供たちや学校に机、腰掛け、ピアノ、服なども寄贈、地域住民からは〝テイラー隊長〟と親しまれていた」（『琉球新報』平成九年三月十六日付）

「戦争の傷跡が残り生活も不安定な時代に『常に明るい勇気と希望をもって頑張って

下さい』と話したあなたを地域住民は忘れません」（地元嘉陽小学校教員、比嘉輝光）

現在、同地に見張り小屋を作り反対している活動家はほとんどが県外、または域外から来た極左勢力である。彼らの活動資金は左翼勢力、自治労、沖縄教職員会、さらに普天間基地に土地を所有するとされる地主から供給されており、地元選出の市議の話では、活動資金の総計は一億円を下らないという。

話を戻そう。

そこで政府は、三期目を狙う大田の再選を阻止すべく、対抗馬に財界出身の稲嶺恵一《いなみねけいいち》を擁立した。全国的に注目された沖縄県知事選は平成十年（一九九八）十一月に行なわれ、大田は落選した。稲嶺は大田県政時代、財界担当の参謀役を務めていたが、国と県の対立が拡大するにつれ、大田と離反するようになった。県経済の最大牽引車たる公共工事が国庫補助の凍結により停滞してきたため、政府寄りになったほうが得策と見たのである。なお当時、自民党は官邸機密費三億円を沖縄県知事選に供出している（平成二十二年七月二十一日、鈴木宗男ＴＢＳテレビ発言）。

稲嶺知事誕生後の平成十一年（一九九九）十二月、政府は海上施設案を撤回して、名護市辺野古海岸から約一・五キロ離れたリーフ（環礁）部分への埋立移設案を閣議決定した。これは、稲嶺や県建設業界が「埋立のほうが地元企業の技術に適《かな》い、施設も恒久的《こうきゆうてき》なものになる」と主張したことによる。

平成十四年（二〇〇二）七月、政府と県は、より具体的に建設計画をまとめた。長さ二千五百メートル、幅七百三十五メートル規模の滑走路を辺野古沖合に建設することで合意したのである。この結果、面積は当初計画の約三倍に拡大し、費用も一兆円以上と目された。そもそもこれは、知事選期間中の平成十年九月二十一日に、稲嶺が基本政策として発表した「県民の財産となる新空港を陸上に建設し、一定期間に限定して軍民共用とする」と発言した内容に沿ったものであった。

ところが知事は翌平成十一年十月二十八日、瓦力《かわらつとむ》防衛庁長官（当時）に対し、移設条件として「米軍の使用期限十五年」と突然発言し、それ以降は民間空港として県に返還するべきだと表明、以後、態度を硬化させていった。一方、米国は「具体的に（期限の）数字を決めることは、一九九六年（平成八年）の日米安保共同宣言に反する」（平成十一年十二月十七日、クレーマー米国防次官補発言）として同意しなかった。したがって、知事の十五年使用期限発言の結果、計画は頓挫し、その後、七年も放置されたのだ。

基地政策に関する稲嶺知事の変節について、もう少し述べておきたい。

まず、十五年と使用期限を切ることには根拠が全くない。それのみか、政府が代替施設で民間空港となる部分は、第三種空港として県が主体になり、かつ管理するよう提起したところ、知事は平成十五年十二月三日、防衛施設庁が全体の事業主体になるよう要請している。知事のこのような甘えの体質を見れば、基地問題を担保にして国政に発言力を持ち、同時にさらなる振興策を引き出そうとする沖縄流の政治手法が見えてくる。

この間、政府はＳＡＣＯ関連推進対策費、および島田懇事業（詳細後述）の一環で、二千五百億円以上の血税を「振興策」としてすでに沖縄に投下してきた。日本式行政、「誠意を尽くせば相手は解ってくれる」は、この県民に通用しないことが理解できよう。だが知事は、基地のスムーズな移転義務を遂行するどころか、さらに補助金を引き出さんがために、国への抵抗の姿勢をことさら強調するのだ。

移設先の名護市も、責任遂行の視点では県と五十歩百歩である。移設を受け入れる前提で、平成十二年度から北部市町村に「北部振興策」として七百五十億円が支払われている。ところが、比嘉市長の跡を継いだ岸本建男《きしもとたてお》市長は、建設位置をめぐって意見を二転三転させて、移設実行の姿勢は全く見せなかった。

そもそも、平成十四年に策定された沖合埋立案には、実現不可能な致命的な欠陥がある。飛行場の総面積の約七五パーセント（防波堤部分も含む）はリーフ部分から沖合に展開するが、海底地形が急傾斜しており、専門家からは「現在の科学技術では、毎年来襲する台風に耐えられない」との意見が呈されているのだ。

知事は平成十七年（二〇〇五）十月二十九日、日米両国政府間で沖合埋立案が撤回され、沿岸埋立案に変更されると、今度は県外撤去を主張するようになった。

稲嶺も仲井眞知事と似ていて、選挙戦の際、自らの出自《しゅつじ》が中国帰化人「毛《もう》家」の子孫であることを誇っており、中国への配慮を示していた。

平成十二年七月、沖縄で開催されたG8サミットでは、中国に気兼ねして日本政府に中国をオブザーバーとして招請《しょうせい》するよう要請し、中国に謝絶された。また九月には、自ら招致した中国西北航空上海―那覇直行便の赤字部分を補填するため、一般会計補正予算に観光誘致対策事業費一億三千八百万円を計上し、実行している。また県民には、軍用地借料合計八百五十億円（当時）と、観光産業関連売り上げの合計三千五百億円を比較して「観光産業が基地収入を上回っている」と喧伝していたのである。
この手法は、現在の翁長知事も踏襲している。

地元マスコミのしたたかな世論操作

平成十八年（二〇〇六）十一月、稲嶺は知事の座を仲井眞弘多《なかいまひろかず》に譲った。仲井眞は知事に就任すると、埋立案を肯定しながらも「一センチでも沖合へ出してくれ」と、また条件闘争を開始した。この間、地元マスコミによる反米軍キャンペーンは絶えず展開され、したたかな世論操作が行なわれた。県民は県内シェア九二パーセントを誇る『琉球新報』『沖縄タイムス』地元二紙に、「米軍基地＝悪」という概念を完膚《かんぷ》なきまでに浸透させられている。

沖縄では、米軍軍人が起こす事件事故は針小棒大《しんしょうぼうだい》に報道されるが、米軍軍人が県民に臓器提供しようが人命救助しようが一切、報道されないのである。戦後、難病を患《わずら》って地元医師から引導を渡された三千以上の住民が、米軍軍人のカンパと米軍の航空機で米本国へ渡り、治療を受けて全快している。わが国で臓器移植法が制定されて以降、日本国民に最初に臓器を提供したのも沖縄に駐留する米軍人の家族であり、臓器提供はすでに五件を数えている。

反軍思想の定着は、まずNHKを含む沖縄のテレビ局が毎日、「沖縄の悲劇」というのを放映している。沖縄戦で米軍が撮影したフィルムを何度も上映し、「命が宝」というフレーズを繰り返しながら、県民に厭戦《えんせん》気分を醸成《じょうせい》しているのだ。

次に、基地に関連するミステリアスな事件も発生する。

平成十四年七月二十三日、普天間基地移設先であるキャンプ・シュワブの射撃訓練所から北西約四・五キロのパイナップル畑で発生したとされる事案である。農作業中の農夫から二メートル離れた位置に、ライフル弾の流れ弾が弾着したと言われている。沖縄県警がこのライフル弾を採取して分析したところ、当時、米軍が使用していた機関銃「M2」とは線状痕《せんじようこん》が一致しないことが判明した。

本土紙や外国の記者がこの農夫を取材しようとしたが約二十四時間、所在が掴めず、その後、現れると「自分を信じてくれよ！」と哀願する仕草を行なった。どうみても生の弾ではないことが科学的見地から断定できたが、県警は政治的配慮でこの分析結果へのコメントを避けた。そもそも、水平に飛んでくるはずのライフル弾が垂直に畑に刺さっていたのである。ところが、地元マスコミはこの農夫の言い分のみを引用し、県民に基地被害をアピールしたのである。

平成十六年八月十三日、こういう状況のなかで、普天間基地所属の海兵隊ヘリＣＨ53Ｄが沖縄国際大学１号館北側に接触、墜落して炎上した。大学生や民間人に怪我人は発生しなかったが、マスコミは一斉に「普天間基地は危険」と宣伝したのである。なおこのとき、「人身被害ゼロ」の第一報を聞いた沖縄社会大衆党の糸数慶子参議院議員は「死人が出なくて残念だ」と発言し、顰蹙《ひんしゅく》を買っている。

沖縄問題を統制不能状態に陥らせた〝鳩山発言〟

平成十八年（二〇〇六）、日米両国政府は県内移設の促進を確認するとともに、滑走路を沿岸部より一部が海に突き出す形で、Ｖ字型にそれぞれ一千六百メートルの滑走路を建設することで最終合意した。ところが、日本政府は沖縄県に推進を丸投げし、また米国政府へは県知事選、県議選、名護市長選等が行なわれるため手荒なことはできない、と言い訳を繰り返し、時間稼ぎを行なって遂行責任を放棄してきたのである。

こういう土壌のなかで、平成二十一年（二〇〇九）八月三十日、民主党が総選挙で圧勝し、九月十六日、鳩山由紀夫を首班とする内閣が成立した。鳩山は選挙期間中から沖縄県内を遊説《ゆうぜい》して、「普天間基地の移設は最低でも県外」と主張し、また総理就任後はオバマ大統領に対し、日米合意の遂行を誓うかのように「トラスト・ミー」（私を信じて）と発言した。米国から実行を迫られた首相は、「（平成二十二年）五月末までに決着を目指す」と発言したものの、追い込まれた鳩山首相は一カ月後の六月八日には辞任し、官邸を去った。

この発言は、沖縄問題を統制不能状態に陥《おちい》らせた。

衆議院総選挙では、鳩山のキャンペーンを受けて地元の自民候補は全員落選、当選議員は「県外移設」「国外移設」の主張者のみであった。

また、翌平成二十二年一月、余勢をかって沖縄県名護市で行なわれた市長選挙は、それまで三代続いた移設容認派が反対派の稲嶺進《すすむ》に敗れた。この時は、左翼勢力の名護市への住民票移転も顕著であった。九月には名護市議選が行なわれ、定数二十七人に対し、稲嶺市長支持派が十六人当選したが、その一人に県外出身の川野純治《かわのじゅんじ》がいる。川野は社民党推薦で最下位当選であったが、三十五年前、沖縄を天皇の名代《みようだい》として訪問された皇太子ご夫妻（今上陛下）の車列に牛乳瓶を投げ込んだ犯人である。

最近、政府は「沖縄振興策と基地問題はリンクしない」と建前論を主張するようになっているが、補助金のばら撒《ま》きは地域社会の活性化を阻害することは事実である。名護市のみを一例にとれば、平成九年より二十年までに、島田懇事業を主とする北部振興費、ＳＡＣＯ関連補助金等の補助金は合計三百八十六億五千万円が投下されたが、平成二十年四月時点で、

①完全失業率一二・五パーセント（平成十六年から三・五パーセント上昇）
②生活保護世帯四百二十九件（平成十八年から百八十一件上昇）
③空き店舗率一七・一パーセント（平成十八年から五・五パーセント上昇）

といずれも悪化しており、「島田懇事業開始後、増えたのはパチンコ屋だけ」と揶揄《やゆ》されるほどである。

基地反対運動のデタラメな理屈

反対派の主張の根拠は、自然保護と「沖縄に新たな基地は作らせない」である。沖

教組はまず、自然保護の論点を小学児童にまで徹底している。また、国民もマスコミによってマインドコントロールされており、そのデマゴーグによって「沖縄に過重な基地負担を強《し》いている」という贖罪《しょくざい》意識で金縛《かなしば》り状態に陥るのだ。

沖縄贖罪意識の虚構について説明すると、「在日米軍基地の七三・八パーセントが沖縄に集中する」。これは正確には、二二・六パーセントである。物凄い誇張である。分母に佐世保、横田、岩国、横須賀等の自衛隊との共有の在日米軍基地は含まれていない。要するに、七三・八パーセントとは米軍専用施設のことをいうのである。三沢の米軍基地は自衛隊の所有部分はわずか三パーセントであるが、これも自衛隊との共有施設となっており、七三・八パーセントの分母には含まれないのである。在日米軍基地というのであれば、正確には二二・六パーセントの数字を使用すべきである。「沖縄は国内唯一の地上戦が行なわれた」というフレーズも真実に反する。たしかに、地上戦はあった。私の親戚も多くが戦没したが、北方領土でもかなりの戦闘が行なわれており、ソ連兵による邦人女性への暴行等は米軍の比ではない。なにより、北方領土には旧島民は帰還できないのである。

次に、自然保護の論点で左翼勢力に反論する。

辺野古移設の際、海岸線百六十ヘクタールを埋め立てなければならないが、反対派が主張する自然保護の論点は二点ある。海岸線保護の主張と、人魚伝説に登場するジュゴン保護である。小沢一郎、鳩山一郎も大衆迎合的に埋め立てに反対し、「あんな綺麗な海を埋め立ててはいけない」と強調した。沖縄県の実態を全く知らない言動である。

県民が戦後行なってきた埋め立て面積は合計二千五百九十ヘクタール以上、未だ県内各市町村には着手していない埋め立て計画が二千ヘクタール以上もある。二千対百六十、将来的には四千対百六十である。

数年前も、沖縄市中城湾《なかぐすくわん》の埋め立て（面積九十六ヘクタール）を県と沖縄市が主導しようとして自然保護団体に提訴されているが、県、市は強行する予定である。各市町村は従来、環境アセスメントを行なうことなく漫然と土砂を海に投入してきた。ところが、マスコミや反基地勢力は、キャンプ・シュワブ沿岸の埋め立てに関してのみ、完璧な環境アセスメントを主張しているのだ。

平成十七年（二〇〇五）、防衛庁（当時）は県の了解の下、辺野古沖で環境調査を実施しようとしたところ、左翼の猛烈な反対に遭って阻止された。なんと、反対派は水中銃さえちらつかせて調査員を威嚇《いかく》していたのだ。

「ジュゴンを守れ！」と主張しているが、辺野古で三十年以上、漁師をしている住民に調査したところ、実物を見たという方は皆無、さらに名護市民はイルカを食っているのである。「ヒィート料理」と言われ、名護市の名物になっている。反対派は、同じ哺乳類《ほにゅうるい》のイルカは食べておきながらジュゴンを守れという、実にデタラメな話である。

最後に、「琉球王国は日本に滅ぼされた」という言葉がある。沖縄本島の中部に、明治三十八年（一九〇五）に建てられた植樟之碑《しょくしょうのひ》というのがある。これに象徴されるように、沖縄にとって廃藩置県とは琉球王の圧制からの解放であった。当時、この地域は大干魃《かんばつ》に見舞われ、農民は飢餓状態に陥っていた。それを聞かれた明治天皇は、北《ほう》条氏恭侍従《じょうじゆき》を現地に遣わされて救恤《きゅうじゅつ》金《きん》を農民に賜《たまわ》り、かつまた涵養林《かんようりん》としての樟《くすのき》を植林された。農民は感激した。琉球王は農民を搾取するばかりで、治山治水のかけらも実施していなかったのである。

顕彰碑は農民の発議で建てられたのである。

昭和二十一年十月二日、在京の県出身者たちが沖縄返還を求めて、マッカーサー連合国最高司令官に提出した嘆願書がある。それには、「欧米の一部には、日本国民は沖縄人民を貧乏な従兄弟《いとこ》と軽視し、冷遇したと論じる者もおりますがこれは謬想《びゅうそう》で、日本政府および日本人が沖縄人を差別待遇した事実はありません」とも述べている。

さらに、「日本本土同胞と血の繋がりがありますので、戦前同様、日本政府行政下に帰りたい一念に燃えております。血は水よりも濃しと言われる如く、沖縄住民は日本民族たる自覚強烈、いかなる境遇に陥いるも本土同胞と運命をともにしたいとの念願が支配的であります」と述べているのである。

普天間県内移設の真の目的

では、普天間の県内移設に関する日米合意の真の目的は何であるか、ここで確認したい。

要点は、沖縄本島で人口過疎の本島北部辺野古に基地を集約し、より効率的な抑止力と即応性を確立しつつ、本島中部以南の人口密集地から米軍基地を撤去返還するのである。返還予定米軍施設は普天間飛行場、キャンプ桑江、牧港《まきみなと》補給地区、那覇港湾施設、陸軍貯油施設、キャンプ瑞慶覧《ずけらん》の一部で、合計約一千三百九万平方キロに及ぶ。

沖縄には約一万三千名の米海兵隊将兵が駐留している。この結果、八千名の海兵隊将兵と九千名の家族がグアムに移転する。この大部分は司令部要員であるが、その削減に関しても台湾軍、韓国軍およびフィリピン軍から反対意見や懸念が表明されている。下手に戦力をグアムに後退させることは、中国や北朝鮮に誤ったシグナルを送ることになるというのである。

軍備というのは本来、敵対国の装備、戦略を斟酌《しんしゃく》しながら、国家が対抗軍備や基地展開を検討実施していくのが常識である。わが国政府は基地反対勢力の顔色を伺いながら、その配備計画の許しを得ようとする。さらに、沖縄県や名護市に丸投げして内閣は責任をとろうともしない。そもそも沖縄返還の前提は、日本政府による「米軍基地の安定運用」が基本条件であったのだ。

平成九年の「改正特措法」同様、特別措置法で対処せよ

私に言わせれば、この問題の解決は実に単純なのである。特別措置法を制定し、辺野古沿岸海面の埋め立て権限を県知事の掌中から総理に移転することだ。同時に、反

対派勢力による妨害活動を辺野古沿岸に適用される日米安保条約地位協定をもって警察力で排除すること、または逮捕することである。

　実は沖縄基地政策に関し、国家が毅然たる措置をとったことがあった。「沖縄米軍基地の継続使用のための改正駐留軍用地特別措置法」の制定がこれである。当初、マスコミは「沖縄県の地方自治を蹂躙《じゅうりん》する」という反対意見を連載していた。もちろん、地元選出の保守系国会議員も全員が同様に反対表明していた。ところが、この基地反対運動の実態を知った国民世論は一変する。単なる地域住民による平和活動ではなく、外国の反日反米勢力と連帯した基地妨害活動であることが判明したのだ。

　そもそもこれは、平成七年（一九九五）九月二十八日、時の大田《おおた》昌秀《まさひで》知事が、米軍用地継続使用に反対する反戦地主の代理署名を拒否したことから始まった。この時、村山富市総理（当時）は沖縄に過剰な哀れみを寄せ、職務執行命令訴訟への提訴時期を遅延した。結果、平成八年三月三十一日には、反戦地主が所有する土地二カ所の使用権原（権利の発生原因）が切れてしまったのだ。そして平成九年五月十四日には、普天間基地や嘉手納米空軍基地の滑走路上を含む、反戦地主の所有する県内米軍施設十二カ所の使用期限の到来が目前に迫っていたのである。

橋本首相は県収容委員会に「緊急使用」の審理申し立てを行なったが、「委員の日程が合わない」と消極的な返答が返ってきた。無理もない、委員七人（大学教授三人、弁護士四人）はいずれも大田知事による任命であったからだ。

そもそも大田知事が代理署名を拒否した動機は、平成七年二月二十七日に「ナイ・レポート」で発表されたアジア駐留米軍十万人体制に対する反発からであったという。しかしこれは明らかに、一地方知事による国家の防衛という専管事項への侵害行為であった。

現在の翁長雄志知事と同様である。加えてマスコミはこの時、国民をミスリードしようとした。たとえば、平成八年四月一日午前零時をもって使用期限の切れた読谷村《よみたんそん》楚辺《そべ》にある通信傍受施設、俗称「象の檻《おり》」の一角に土地を所有する反戦地主知花昌一《ちばなしょういち》にスポットをあてた。

この施設は北朝鮮、中国の通信情報（東シナ海における不審船の交信情報も含む）を収集しており、施設の部分返還は機能面、機密保持のいずれの視点からも不可能であったのだ。しかし知花は即時返還を求め、通信所近くで様々なパフォーマンスを展開した。地元マスコミも連日紙面を割《さ》いて、「（国による）私有財産への不法占拠」と喧伝した。知花は実は夫人名義の軍用地を現在も持っているが、地元マスコミはこれには全く言及しない。またこの時、同施設に所有権を有し、継続賃貸を主張する地主四百五十一名の意向は全く無視されていたのだ。

一方、全国紙の一部は、在沖米軍基地に関連する反戦地主三千八十五人という数字を頻繁に掲載した。これでは、あたかも地主のほとんどが継続使用に反対しているかのような印象を受ける。実態は、土地継続使用を望む地主は二万九千人以上おり、反戦地主の所有する土地の面積は全体のわずか〇・二パーセント、しかも〇・二ヘクタールの土地に二千九百六十八人の登記が集中していた。

平成九年二月二十一日、駐留軍用地特措法に基づく採決申請に関する第一回公開審理が行なわれたが、ここに韓国民主主義民族統一全国連合米軍基地対策委員長など、韓国で反米、反基地運動に携《たずさ》わる活動家四十三人が傍聴している。その際、沖縄反戦地主会会長が、「自分たちの土地が、アジアの仲間を殺戮《さつりく》し、人権を踏みつけるために使われるのではなく……」と発言さえしている。

この時、沖縄と対照的に、国内には理性が存在していた。国会審議や保守系雑誌を通じて、沖縄反基地運動の実態が白日の下に晒《さら》されたからだ。

とくに、その反基地運動の指導的人物で元沖縄大学学長の佐久川政一《さくがわせいいち》が「チュチェ思想研究会全国連絡会会長」を務め、北朝鮮と密接な関係にあることが発覚した。恐るべきことに、前述の一坪反戦地主の半数以上が県外居住で、極左集団に属している者や外国人もいたのだ。さらに地元二紙の役員、大学教授等の名前も白日に晒されたのである。そういう「左翼」の胡散臭《うさんくさ》さが暴露されたことによって世論も急変し、衆参両院は圧倒的多数で「改正特措法」を可決した。沖縄県の暴走はこれで終止符が打たれた。

法律の要点は次のとおり。

一、那覇防衛施設局長が総理の使用認定を受け、使用期間中に損失補償のための担保を供託し、収容委員会に裁決申請すれば暫定使用ができる。

二、収容委が国の裁決申請を却下しても、政府が建設相へ不服審査請求すれば、その期間中は暫定使用が継続する。

平成九年（一九九七）四月十七日深夜、同法案可決をもって、使用権原が失われていた軍用地の権原も完全に回復した。また特措法制定後、反基地運動は一挙に沈静化した。それまで、収容委員会による公開審理が開催されるたびに行なわれていた過激派による阻止闘争も完全に消滅したのである。

県民に「たかり」を教えた本土人《ヤマトンチュウ》

平成七年（一九九五）九月四日、金武町で米海兵隊兵士による沖縄小学女児暴行事件が発生した。十月二十一日には、「米兵による少女暴行事件に抗議する県民総決起大会」が行なわれ、約五万人が参加した。

地元紙二紙は九月以降、県民による婦女暴行事件を一切、紙面に掲載せず、海兵隊兵士による少女暴行事件にのみ焦点を当てた。連日、紙面で「基地撤去」「海兵隊撤退」を強調し、国民に対しても「基地撤去は県民の総意」と嘯《うそぶ》いた。

なお、地元紙『沖縄タイムス』『琉球新報』は平成十年四月、地元高校教師が教え子二人を強姦《ごうかん》する事件を起こしていたが、高教組の要望に従い、犯人教師の氏名を公表せず、消極的報道に終始した。

この時代、在日米軍は準戦闘態勢に入っていた。平成七年から八年にかけて、北朝鮮軍はたびたび三十八度線に地上兵力を集結させており、また中国も台湾侵攻のため、台湾対岸の東山島《とうざんとう》に十万の大軍を集結させていたのである。沖縄で発生したこのような反米軍基地運動は敵対国家による後方攪乱《かくらん》の様相を呈していたが、日本政府は能天気《のうてんき》であった。北朝鮮は、沖縄返還直後から工作員・金夫妻を沖縄に派遣し、地元マスコミ工作を推進させていたのである。

平成八年（一九九六）一月、第一次橋本内閣が成立。そして八月二十日、梶山静六《かじやませいろく》官房長官兼沖縄担当大臣の私的諮問機関として「沖縄米軍基地所在市町村に関する懇談会」（座長・島田晴雄慶應大学教授、副座長・稲嶺惠一）が設立された。メンバーには沖教組、地元マスコミ、労組などの代表が含まれた。カッコ内の職歴は当時のもので、島田は現在、千葉商大学長、稲嶺は平成十年十一月十五日に大田知事を破って知事に当選し、二期八年務め、次の仲井眞知事に県政を継承した。

座長の島田晴雄は十一月十九日に早速、「沖縄米軍基地に関する提言」を発表した。ここで沖縄左翼のテーゼを代弁したのだ。

「沖縄米軍基地は、米国の施政下にあった二十七年間に軍事上の必要性から一方的に収用されたところに最大の特徴がある」
「本土とは異なり、米軍基地は大部分が民有地の収用であり、（中略）地域の経済、交通、生活上のいわば生態系が分断され、経済活動や人々の生活が著《いちじる》しく阻害され制約されている。また騒音や事故の不安等が大きく、閉塞感が重くのしかかり」

と発言しているのだ。

加えて、外交評論家で当時、総理補佐官であった岡本行夫が「沖縄には米軍専用施設の七五％が存在している。県民の要望を聞いてもいいのではないか」と左翼に阿《おもね》る発言をしている（平成八年十二月、沖縄県庁にて）。

勢いづいた島田は、琉銀監査役・牧野浩隆《まきのひろたか》（平成十一年一月、沖縄県副知事へ就任）の論述を引用し、「米軍施政下の時代には沖縄はドル経済に組み入れられ、焼け野原の上に基地中心の消費経済が展開した。一ドル＝三百六十円の極端に低い為替《かわせ》レートを利用して輸出産業の育成に努めた本土とは対照的である。したがって、沖縄には製造業がほとんど育たなかった」と発言した。

ちなみに牧野は、「戦後沖縄が基地依存・輸入依存型経済になったのは、米軍の一ドル＝百二十B円というB円高政策と（当時、沖縄の通貨とされた）、本土の施政権が及ばなかったため傾斜生産方式が適用されず、かつ平和憲法、農地改革、労働改革などの戦後改革が行なわれなかったため」と発言している（ビデオ「りゅうぎん創立50周年スペシャル・戦後沖縄経済の歩み」平成十年九月、琉銀制作）。両論がいかにデタラメな分析であるか、第三章で詳述するが、沖縄には戦前から製造業は存在せず、また移入超の県財政で現在もこれは変わっていない。本土は輸出促進のため円安政策を、沖縄はB円高政策をとるのが当然であるのだ。

島田は結論として、「今後、基地所在市町村に数百億円から一千億円前後の事業を予定する」と発表。加えて、自治省は九年度予算から、基地所在市町村および沖縄県に資金使途自由な基地交付金七十五億円を新設した。島田はそれのみか、島田懇事業発注の際、業者への口利きを繰り返した。これで沖縄問題は収拾不能に陥ったといえよう。とくに、自治省管轄の沖縄関連基地交付金は労働組合の活動資金にも流用されており、辺野古地域での座り込みや反基地闘争の際、デモ参加者に日当さえ支払われる原資となっているのだ。

一方、平成バブルで深手を負った沖縄財界までもが、基地問題について否定的な言辞をしたほうがメリットがあることを痛感し始める。真相を知らない沖縄県民の間では、「島田先生は沖縄を愛しておられる」と囁《ささや》かれた。

国家のメルトダウンを示す施策はこればかりではない。平成八年九月十日、橋本首相は大田県知事（当時）との会談で、沖縄振興のための特別調整費五十億円を補正予算で捻出《ねんしゅつ》した。この五十億円は各省に配分されることになっていたが、厚生労働省の持ち分十一億円は全額、琉球新報社に「雇用創設」の名目で無利子で融資された（間もなく同社は新社屋建設）。

まさに、盗人《ぬすっと》に追《お》い銭《せん》の結果となっていった。極左勢力に牛耳《ぎゅうじ》られる『琉球新報』はほくそ笑んだ。そして、地元紙による基地問題に関する偏向報道はさらにバイアスがかかった。

平成十三年（二〇〇一）一月九日午後七時三十分頃、金武町で地元の女子高校生が下着を露わに花壇に座っていた。そこに通りかかった私服の海兵隊兵士がこの女子高生を写真に撮ったところ、屯《たむろ》していた不良少年たちがこの海兵隊兵士を取り押さえた。『琉球新報』『沖縄タイムス』二紙は翌日の一面で、競うかのように「強制わいせつ」

と報道し、兵士の氏名まで公表したのである。防衛庁(当時)は県民運動の拡大するのを恐れたが、付近住民が危機を救った。本件が報道されると、この兵士を庇《かば》おうと町民たちが那覇防衛施設局に「米兵を取り押さえた高校生連中は不良で、付近住民も大変迷惑している」と、電話や投書が多数寄せられたのだ。実際、付近には「ゆすり、たかりは刑法違反です！」という大きな立て看板まであった。結局、この事案は条例違反として五万円の科料《かりよう》で済んだ。ところが、地元紙は謝罪記事も掲載しなかったのである。

さらに、この事案が発生した三日後には、金武町議会が海兵隊の削減を満場一致で可決、十五日には名護市議会、十六日には県議会、那覇市議会と、海兵隊の削減、撤退採決が次々と採択された。この可決過程も、まさにマスコミによる言論統制であった。

さて、沖縄を統御不能にさせたのは、本土政治家の責任も極めて大きい。その筆頭が、小泉首相が政権をとった平成十三年(二〇〇一)に沖縄担当大臣に就任した尾身《おみ》幸次《こうじ》代議士である。尾身はその直後の十一月十日、那覇市「かりゆしアーバン・リゾート那覇」で、タウンミーティングを開催した。その際、登壇者や質問者を県庁と事前に打ち合わせて指名し、質問内容までシナリオが徹底されていた。ヤラセ以外の何物でもない。ミーティングの終盤、尾身はこう強調した。

「沖縄は基地があるから何でも言って下さい。いくらでも予算がとれます」

そして大学院大学建設構想を打ち上げ、間もなく、沖縄科学技術研究基盤整備機構（ＯＩＳＴ）を立ち上げた。当時、東京では小泉首相が「聖域なき構造改革」を標榜《ひょうぼう》していたが、尾身はこれに逆行していたことになる。大学院大学構想とは、理工系で世界最高水準の大学院大学を目指すというもので、運営費として一年間に百億円、十年間に一千億円の予算が立てられている。

平成二十二年（二〇一〇）四月、独立行政法人に関する事業仕分けで、このＯＩＳＴの公費乱脈使用の実態が指摘された。運営委員十人には年間報酬百万円が支給されるほか、委員会に出席すれば謝金五十万円が支払われ、電話のみによる参加も出席と見なされる。また、運営会議もそれまで六回行なわれたが、第一回会議はサンフランシスコで行なわれており、委員の移動の際の航空機は全員ファーストクラス、宿泊ホテルの費用負担上限は一日につき六万円、運営委員会開催費用は一回につき一千八百万円である。

この施設を作るため、建設業界の主な采配も尾身の事務所が行なった。驚くべきことに、業者選定も指名入札で、大型工事部分はすべて尾身に政治献金をした建設会社で占められた。その後、尾身の現地秘書が下請け希望の地元業者に工事斡旋《あっせん》を持ちかけ、事前に集めた斡旋リベート二千万円を持ち逃げする事件を起こしている。この秘書は同僚に、「沖縄の土建屋は零細だから二万円のパーティ券は売れない。額面を一万円にして数でこなせば集金できる」と豪語していたのである。

さらに尾身は平成十六年（二〇〇四）、第一次安倍晋三内閣で財務大臣に就任したが、平成十九年二月、沖縄担当大臣の時に創設したＯＩＳＴ運営委員会委員に対し、国家予算獲得に関する情報提供をしたことが民主党の馬淵澄夫《まぶちすみお》代議士によって衆議院予算委員会で追及された。

沖縄県民も思慮に欠けている。

たとえば、長崎県に他府県選出の代議士が来て「長崎県民を愛しています。長崎に国費で世界最高水準の大学院大学を創りましょう」と発言したら、地元選出の代議士を含め県民は許すだろうか。沖縄財界はかつて島田晴雄を評したように、「尾身先生は神様だ、沖縄を最も愛していらっしゃる先生」と持て囃《はや》した。

衆議院予算委員会で、この大学院大学構想に関して予算削減処置が提案されると地元マスコミが騒ぎ、知事や県選出代議士、地元財界人が徒党を組んで上京、予算削減に反対陳情し、開学を実現させたのである。

小中学校の全国一斉学力テストで、沖縄は常に全国最下位で、また青少年の非行化率も全国ワースト・ワンを記録し続けている。まずは、地元青少年への教育投資が優先されるべきではないだろうか。

第3章

歴史のなかに見る沖縄の姿

琉球王国民衆の生活は凄惨を極めていた

ここで、今後の沖縄政策を論じる前に、沖縄の歴史について要約しておきたい。

近年、琉球王国を題材にした映画が国内で人気を博しているが、その実態は中国の間接支配を受けた共産主義国家であった。人民は王府の恐怖政治下で、苛斂誅求《かれんちゅうきゅう》を極めていたのである。嘉永《かえい》六年（一八五三）、沖縄に寄港したペリー提督が「メキシコの労働者を省けば、これほどまでに不幸な生活をしている人民は世界に見たことがない」と述べている。他府県では旧藩主を顕彰し、誇りにしている地域が多いが、沖縄では琉球王家・尚《しょう》家を称える民衆はいないのである。

明治三十四年八月十九日、最後の琉球王・尚泰《しょうたい》侯爵（第二尚氏王統第十九代）が死去した。当時の奈良原繁《ならはらしげる》沖縄県知事は「喪《も》に服《ふく》するよう」県民に指示したが、従ったのは旧王都首里《しゅり》の士族だけで、本島北部金武村《きんそん》（当時）に至っては、祝いの綱引き大会を二晩にわたって連続して行なっているのだ。昭和六十二年には、尚家当主・尚裕《しょうひろし》（第二十二代、元侯爵）がその文化遺産を自らが居住する東京都台東区に寄贈しようとしたため、県民の猛反対を受けて撤回している。

廃藩置県当時、琉球王国民衆の生活は凄惨《せいさん》を極めていた。住民の九〇パーセントは平民（主に農民）が占めており、原始共産主義体制下、土地私有は一切認められず、八公二民の重税に苦しみ、まさに農奴《のうど》と化していたのである。対照的に、本土は五公五民、または六公四民であった。

また本土では江戸時代、すでに農民にはかなりの自由が認められており、識字率も男子五〇パーセント、女子二五パーセントで世界最高の文化を誇っていた。当時、超大国の英国でさえ男子二五パーセント、女子一二パーセントであったのだ。江戸後期には、全国各地で大蔵永常《おおくらながつね》の「農家益《のうかえき》」（享和《きょうわ》二年＝一八〇二）、「農具便利論」（文政《ぶんせい》五年＝一八二二年）が盛んに読まれていた。ところが琉球では、これと対照的に農民は一切、文字が読めず、自らの名前も書けない状態にあった。

琉球と本土の文化は根本的に異なる。江戸時代、本土は庶民文化が開花しており、歌舞伎、相撲、浮世絵が流行《はや》っていたが、琉球の文化は対照的に、冊封使《さくほうし》をもてなすための宮廷文化が主体であった。

琉球王国は廃藩置県に至る約四百年間、「地割制」を施行していた。この制度は、ソビエトで行なわれていたコルホーズ（集団農耕システム）で、王府は集落単位で課税した。しかも耕作地を二～三年、離島地域に至っては十年毎に交代させたのである（「地割替え」）。地割制とは、毛沢東《もうたくとう》やカンボジアのポル・ポトが試みた原始共産主義そのものである。そこには通貨もなく、集団生活で衣服以外はすべて共有というものであった。

「地割替え」を実施するとき以外は、各集落間の往来は禁じられた。各集落には王府から探偵が配置されており、謀反《むほん》を起こす恐れのある者を徹底的に摘発した。また農民も、積極行動をする者へは「フィートゥイミジトゥイサン」という罰が下された。要するに村八分《むらはちぶ》であり、野垂《のた》れ死《じ》にに追いやるのであった。農民は「地割替え」が実施される前後一両年は、施肥《せひ》（人肥）さえ行なわなかったという。

沖縄は台風と干魃《かんばつ》が交互に訪れる。このため、本土式稲作農業は定着しなかったばかりか、絶えず深刻な食料不足に悩まされていた。結果、各地で謀反や一揆《いっき》が続発していたのである。そこで編み出されたのがこのシステムであった。

王府は農民に自生する蘇鉄《そてつ》の実を主食として食べさせ、献納作物としてサトウキビを生産させた。さらに鎖国下の日本で、薩摩藩を介してこれを大坂市場で独占販売した。その利益で本土の文物を購入し、中国皇帝に朝貢した。結果、十倍近い返礼で王族一門は奢侈《しゃし》な生活を営んでいたのである。

廃藩置県以降、日本政府の指導により土地私有制が開始されるが、各村には琉球王国時代に制定された村落の掟《おきて》が存在し、青年団が隣村の住民との交流や結婚を厳しく監視した。結果、近親結婚が慣例化した。現在でもなお、沖縄では精神疾患、奇形等の遺伝子異常による疾患が頻発しているのはこの事由による。ちなみに、大江健三郎はこの現象を「沖縄戦のショックの結果」と表現している（『沖縄ノート』）。

中国の強い影響下におかれた二百三十七年

ところで、沖縄の歴史が明瞭になってくるのは十二世紀頃からである。源為朝《みなもとのためとも》が沖縄本島南部に居住する豪族の娘ともうけた舜天《しゅんてん》が王となり、沖縄を統一したといわれている（第一尚氏）。余談になるが、沖縄の旧家の長男の名前に「朝」の字が多いのは、この為朝にあやかりたいという願望が込められているのだ。

一三七二年、舜天の子孫の察度王《さっとおう》が明の光武帝《こうぶてい》に入貢したことが中国の記録に残されている。これは、明《みん》国皇帝が琉球に朝貢を求めてきたことから始まったとされている。当初、恐る恐る従った琉球は、その莫大な返礼を見て驚嘆した。以降、これを「唐一倍《とういちべー》」と呼んで、十割近い儲けを甘受するようになる。この華夷《かい》秩序への参入が、沖縄住民の進取尚武《しんしゅしょうぶ》の気概を奪った。それまで住民は小舟サバニを操って、南はマラッカから六浦まで盛んに交易し、進取尚武の気性を遺憾《いかん》なく発揮していたのである。

その後、第一尚氏は七代四十八年で絶え、一四六九年に尚円《しょうえん》が第二尚氏を形成する。以降、廃藩置県まで王城は首里に設定された。

尚円の子、尚真《しょうしん》は一四七七年に即位するや刀狩りを行ない、按司《あじ》（武装有力者）を首里に住まわせ、各領地には代官「地頭代《じとうだい》」を置いた。さらに石垣、宮古、奄美《あまみ》五島を武力併合し、中央集権国家を確立した。

離島農民には人頭税《じんとうぜい》を含む本島の三倍の重税を課し、朝貢貿易のボリュームを拡大する。しかし尚真の最大失政は、華夷秩序に依存した文官独裁国家を形成したことにあったのである。明は建国以来、鎖国政策をとっており、外国船の出入港も朝貢船に限定したうえ、冊封国に中国人を在留させて朝貢貿易の政務を担当させた。目的は間接支配を確定することにあったのだ。琉球も、薩摩藩が侵攻する一六〇九年までの約二百三十七年間、中国の強い影響下に置かれた。

現在、那覇市内に久米《くめ》と呼ばれる地域がある。ここは十四世紀以来、中国人の居留地域になっていた。久米はいまでこそ那覇と陸続きになっているが、十八世紀頃までは浮島と呼ばれ、久米はその入り江にあったのだ。浮島の東北東約一・五キロの地点に安里川《あさとがわ》の河口があり、それを西へ辿っていけば約二キロの地点に首里城がある。要するに、浮島は琉球を制圧する点からも絶好の位置にあったのだ。

その外洋進入口にあった北側に三重城《みえぐすく》、南側に屋良座森城《やらざもりぐすく》があり、それぞれ北砲台、南砲台が設置されていて、倭寇《わこう》の進入に備えていた。加えて寛永《かんえい》二十一年（一六四四）、明国が滅びて清《しん》国が成立したとき、満州族の支配を忌避《きひ》して明人、すなわち漢民族の三十六姓の部族がこの島へ移民してきた。仲井眞弘多《なかいまひろかず》、稲嶺恵一《いなみねけいいち》元知事は、いずれもこの三十六姓の子孫である。

久米は、亡命者から琉球の監視役まで中国人の租界地をなしていたといえよう。琉球で名司政官と称された蔡温《さいおん》や程順則《ていじゅんそく》はこの久米の出である。ここでは十九世紀になっても中国語が話されており、日清戦争の終了まで沖縄をことごとく中国圏内に留めようと画策していた。そして現在も、約三千人の県民が中国子孫を自認しており、約十億円の共有預金と会館を運営し、なお団結は固い。

ここで、中国系移民がいかに琉球の政権維持に固執したかを物語る歴史的事件がある。十九世紀初頭に起きた官生《かんしょう》騒動である。

官生とは官費留学制度で、一五二五年、琉球王・尚真《しょうしん》が北京の国子監《こくしかん》へ久米人のなかから四人を選んで留学させたのを皮切りに、その後、約三百年続いた。その官生は久米村出身者で占められていた。ところが一八〇一年、琉球王・尚温《しょうおん》は琉球独自の教育権を獲得しようと首里に国学を創建し、官生四人の枠のうち二人を首里士族の子弟より派遣しようとした。これを知った久米村人が猛烈に反発し、暴動を起こした。そしてこの年、尚温は十九歳で早世するが、毒殺されたという説も残されている。

最後の琉球王・尚泰の四男尚順《しょうじゅん》はその遺稿で、首里王城の正月（旧正月）の光景をこう回顧している。


「五族の大旗を建て、国王が北京の紫禁城《しきんじょう》に向かって遥拝《ようはい》される式であって設備装備は純粋の支那風によって挙行され、左右より羽扇《うせん》を翻《ひるがえ》して国王が進み来られると同時に黄冠、紅冠をつけて唐栄《とうえい》（久米村人）の連中ばかりの活動で、黄色のクロスを掛けたテーブルの上には龍紋彫の黄金の香炉を置き、沈香《じんこう》を薫《た》いて礼拝を行う。（中略）黄冠をつけた久米の先生達がケーウ、ケーウと声高《こわだか》に叫ぶと国王は一揖《いちゆう》せられて香を薫く、ケーウ、ケーウとは中国語の叩頭《こうとう》の事だ」

　こうして首里城では、欧米人が世界で最も屈辱的な礼式と批判した、三回跪《ひざまず》き九回地面に額をこすりつける三跪九叩《さんききゅうこう》の礼が執《と》り行なわれていたのである。

　一方、この頃に使われた琉球語は日本語の姉妹語で、一千数百年前に同一の単語から分離したものだといわれている。したがって、日本古語を含んでいることから、戦前のわが国の言語学者からは学術的に注目された。このような視点から一六四六年、琉球の歴史家でかつ王府の官僚であった羽地朝秀《はねじちょうしゅう》（中国名・向象賢《しょうしょうけん》）や、明治五年頃の三司官《さんしかん》・宜湾《ぎわん》親方《ウエーカタ》朝保《ちょうほ》（中国名・向有恒《しょうゆうこう》）などが日琉同祖論を主張している。なお、「親方」は王族以外の者の最高位の称号である。

　琉球には仮名文字が十二世紀に、漢字が十三世紀にそれぞれ伝来しており、王国の公文書や実用文には和文を、中国向けには漢文が用いられた。琉球文学は琉球語を仮名で表現する手法がとられ、その大成として沖縄の万葉集と言われる「おもろそうし」

全二十二刊がある。「おもろそうし」は海洋民族としての古代琉球の民族、信仰などを詠《うた》っており、その文学的価値は現代も高く評価されている。

一六〇九年、薩摩藩の支配下におかれる

秀吉は天正《てんしょう》十九年（一五九一）、文禄《ぶんろく》の役《えき》の前年、薩摩藩を介して琉球に出兵を促《うなが》してきた。薩摩藩はこの時、琉球兵の戦闘力を疑問視し、王府に対して「七千人分、十カ月分の兵糧だけを送られたい。また名護屋城築城に向けては、金銀米穀で助成されたい」と伝えてきた。驚いた王府は、明国にこの情報を通報したのである。

「琉球は戦略的な要所である。これが明国攻撃の拠点になれば、それこそ一大事だ。ただでさえ東シナ海沿岸は倭寇の脅威に曝《さら》されている」

そう考えたであろう明王は一六〇六年、尚寧王《しょうねいおう》に冊封を授け、王の序列を引き上げた。すると尚寧王はこれに慢心し、薩摩の使節を侮辱したのである。

鹿児島県史によれば、琉球は七千人分の兵糧の半分は納めたものの、残りは薩摩に負債したままで国交を断絶、しかもその後、琉球船が難破し、奥州（東北地方）に漂

着したため、幕府は薩摩に命じて琉球に送還させたが、王府は何の返礼もしなかった。
一方、薩摩藩は慶長《けいちょう》五年（一六〇〇）、関ヶ原の合戦以降、外様《とざま》となっており、財政難に陥ったこともあって琉球の朝貢貿易に着目する。薩摩軍は慶長十四年（一六〇九）に、約三千人の部隊をもって琉球に侵攻した。

ところが、琉球士族は尚真王以来、家禄を貰って首里城下に住み、公家のような奢《しゃ》侈《し》な家禄生活を送っていた。彼らにかつての尚武の気質は微塵《みじん》も残っていなかった。薩摩軍は那覇港入り口の強力な南北砲台を避けて本島北部の運天港《うんてんこう》に上陸し、陸路南下して一気呵成《いっきかせい》に首里城に進出した。琉球から奄美五島の支配権を奪取し、薩摩に最後まで敵対した中国移民子孫、三司官・鄭迵《ていどう》（謝名利山《じゃなりざん》）を薩摩に連行し、斬殺した。島津家久《しまづいえひさ》は尚寧王以下、百余名を江戸や駿府《すんぷ》に帯同し、徳川家康、将軍秀忠《ひでただ》に拝謁させた。こうして島津氏は、幕府より琉球太守に任ぜられた。

財政難に瀕していた薩摩藩は、ここで息を吹き返す。鎖国下、南西諸島方面の黒糖を大坂で独占販売し、また中国と交易した。しかも、そのボリュームを拡大するため、北海道から昆布などを調達し、薩摩の役人が琉球王府役人に扮して進貢船に乗り込んだ。中国側もこれを見抜いていたが、貿易のパイが拡大することとなり、否定するものではなかった。

江戸時代の享保《きょうほう》四年（一七一九）に来琉した清国冊封副使・徐葆光《じょほこう》が首里城で儀式の当日、北殿にいる薩摩武士がその光景を覗いているのに気付き、「南殿有客」と王府通訳にブラックユーモアを飛ばして王府官吏を狼狽《ろうばい》させている。琉球王府は北殿を日本式に、南殿を中国式に建造し、それぞれの使節を歓待したのである。加えて対中外交上、薩摩のプレゼンスをもって有利に展開させるべく、薩摩武士の子を宿した地元女性は、平民であれば直ちに一族を士族に引き上げた。また、薩摩藩を「御国元《おくにもと》」と呼称し、幕府への取り次ぎすべてを頼った。

ところが、朝貢とセットになっている冊封使の接待にはコストがかかった。江戸時代後期、清国の衰退と経済のグローバル化に伴い、この冊封司の接待が王国の財政を圧迫し、朝貢貿易の利幅は激減していた。朝貢存続のため、王府は薩摩藩から借金するようになっていたのである。

一方、中国貿易で経済力を得た薩摩藩は、明治維新の原動力にこの資金を投入していった。そして慶応《けいおう》三年（一八六七）に徳川幕府を倒し、翌明治元年（一八六八）、新政府を樹立した。以降、近代国家建設に邁進《まいしん》するのである。

明治政府による三度目の廃藩置県申し渡し

明治四年（一八七一）、沖縄に廃藩置県、四民平等の太政官令がもたらされ、鹿児島県の管轄となった。そして翌五年、外務省へ移行し、七年七月、ようやく内務省の管轄となって那覇に沖縄出張所が開設された。なお、「琉球」の呼称は明皇帝が命名したものであり、明治以降、「沖縄」の呼称が常用される。

ところが、中国帰化人「支那党」はことごとく反対した。尚順の回顧によると、琉球王も彼らから「絶対に日本につくな」と恫喝《どうかつ》されていたという。しかも当時、琉球藩民のほとんどが国際情勢を知らず、清国がまだ世界最強の国家と思っていたため支那党を牽制できなかった。支那党勢力は「黄色い軍艦が間もなく沖縄に救援に来る」と民衆に嘯《うそぶ》いた。王府は明治七年十一月、独断で北京に朝貢使を派遣した。

このため、柳原前光《やなぎわらさきみつ》駐清国公使は激怒した。その一カ月前の十月三十一日、台湾事件解決のため大久保全権が北京に赴《おもむ》いて清国首脳と談判し、ようやく遭難民遺族への補償と船舶弁済の約束をとりつけていたのである。

台湾事件とは明治四年十一月二十七日、六十九名を乗せた宮古島の年貢運搬船が台湾に漂着、蛮族《ばんぞく》に五十四名が殺害された事件である。日本政府は清国に沖縄の統治権を主張して、沖縄住民への賠償を要求した。このとき、中国は沖縄への日本統治権をあっさり認めながらも、「中国は台湾の領有権を有していない」と拒絶した。このため明治七年四月、三千六百名の陸軍部隊を台湾へ派遣、蛮族を攻撃した。慌てた清国政府はようやく台湾への領土権を認め、日本政府の要求を全て呑んだのである。

柳原公使から沖縄士族による中国朝貢使派遣の情報を得た日本政府は慌てた。翌八年一月、政府は琉球藩官吏三司官・池城《いけぐすく》親方、与那原《よなばる》親方、幸地親雲上《こうちペークミー》ら十人を東京へ召請し、次の件を下命、通達した。

一、藩王謝恩のための上京
二、明治年号の使用、廃藩置県布告通りの祝祭日の実施
三、日本法令の適用
四、藩内行政機構の改革
五、留学生十余名の内地派遣

さらに三月、大久保内務卿は池城、与那原の両親方に対し、国際情勢を説明して近代化への意識改革を説得しつつ、琉球藩保護のため兵営の設置を通達した。ところが四月八日、両親方は大久保に対し、兵営設置の政府案を謝絶する。さらに王府は、藩王上京の要求に対しても「藩王は病気」として王子尚弼《しょうひつ》を上京させて、台湾事件解決への謝恩もさせている。

大久保は明治七年七月、右腕とされた内務大丞《だいじょう》・松田道之《まつだみちゆき》（＝久保道之、当時三十六歳。のちの東京府知事）を琉球藩へ派遣し、藩王への直接説得を試みた。ところが、このときも藩王は病気を理由に会わず、尚弼が代聴している。しかも久米村民が反発し、藩官吏を通して松田へ朝貢使の存続、中国式年号の使用継続等を陳情しているのだ。

明治九年、琉球と政府の確執は続く。明治九年五月十日には藩王が、富川《とみがわ》、与那原両親方を特使として東京へ派遣し、「現状維持」を訴えた。政府はこの要求を拒絶する。そこで大久保は五月二十八日、予告どおり熊本鎮台分遣隊二個中隊を那覇区古波蔵《こはぐら》に駐屯させた（日清戦争後、撤退）。ところが、王府の国際慣行を無視した行動はエスカレートする。

同九年十二月には、また清国へ密使、幸地親方朝常《ちょうじょう》を派遣、救援要請を行なった。また、十一年十二月には在京の英米蘭各国公使に富川、与那原両親方が「現状維持」を愁訴《しゅうそ》したため、政府は「琉球への譲歩は限界」と判断、使節全員の東京退去を命じた。

明治十一年末、沖縄政策案が可決され、沖縄への廃藩置県強制執行が決定された。一方、琉球藩は嘆願を繰り返すばかりで、政府の要求には一切応じない。しかも、藩内においても日本の刑法は適用されず、徒《いたずら》に藩民に重刑を科していた。

明治十二年一月二十六日、内務大書記官・松田道之は首里城へ上り、王代理の尚弼に書状を渡し、首里城の明け渡しを要求するが、また拒絶された。これで、明治八年六月に続いて二度目である。政府はもはや、紳士的手段では事が進行しないと判断した。このまま沖縄問題を放任すると、わが国のガバナンス（統治能力）が問われることになる。

松田は二カ月後の明治十二年三月二十七日午前十時、強制執行にかかる。三度目の廃藩置県申し渡しである。随行官吏三十二名、警官百六十名、陸軍歩兵四百余名を伴って、藩王代理尚弼に三条実美《さんじょうさねとみ》太政大臣の「其藩ヲ廢シテ更ニ沖繩縣ヲ被置候」を申し渡した。

ところが、抵抗するかにみえた王府官吏は一人として反抗する者もなく、あっさり首里城を明け渡したのである。ここで政府は四月四日、沖縄県設置を全国に布告、初代沖縄県令に、米国留学帰りで旧佐賀藩支藩主、宮内省御用掛・鍋島直彬《なべしまなおよし》（当時三十六歳）を起用した。

そして五月二十七日、琉球王尚泰は随員百余名とともに上京した。一方、支那党は「尚泰の上京は薩摩侵攻直後の尚寧王の俘囚《ふしゆう》としての上京と同一」と発言し、阻止しようとする。また、「尚泰は重病にて寝食を廃し日夜臥床《がしよう》し、起居人に依る」と方便していたが、内務省から派遣された医師によって、上京にはまったく差し支えないと診断された。

政府は沖縄の廃藩置県は断行したものの、以後の沖縄施策はまた放置される。沖縄施策に現実的なビジョンを持った大久保利通が暗殺されたことと、清国北洋水師（中国海軍）の存在が原因であった。

大久保は沖縄の早期の廃藩置県と近代化策を日頃から主張していた。明治八年には三条実美太政大臣に建議して、「琉球住民は遠隔の地で内地の事情も知らない。未開の琉球人開化の裨益《ひえき》にもなる」として、東京府内の新聞や雑誌を国費で購入し、沖縄へ配布させているが、県民の識字率が一〇パーセント以下と低く、効果はなかった。

大久保はまた、琉球を日本が領有した史実を挙げ、清国が主張した琉球王国独立説に対して、「琉球は、商売上の利益のために隠秘および虚偽の方便を以て清国を欺《あざむ》いていたのだ」と主張していた。琉球遭難民の補償問題で、大久保が北京でこの主張を展開し、総理衙門《がもん》大臣・恭親王《きょうしんのう》にわが国の統治権をあっさり認めさせている。惜しくも、大久保は沖縄県が正式に発足する約一年前の明治十一年五月十四日、四十八歳でこの世を去った。

タフネゴシエーターの大久保の没後、五カ月経過した明治十一年十月、在京の清国公使何如璋《かじよしょう》は外務卿・寺島宗則《てらしまむねのり》に対し、琉球問題について書簡を送り、「琉球の廃藩置県は不承認」と抗議してきた。何は、「琉球は独立国であって、旧体制を存続させ、かつ清国への朝貢を認めるように」と主張し、またその文面に日本政府を「無礼」という表現をもって非難していたのだ。このため、激怒した寺島外務卿は文言の撤回を迫った(「県史資料」明治十二年七月)。

沖縄の支那党も反日活動を活発化する。とくに明治十二年七月、久米村人・蔡大鼎《さいたいてい》が密航して清国総理・李鴻章《りこうしょう》に琉球救援を依頼した。このため翌十三年三月、李は折から世界一周旅行中であった米国の前大統領ユリシーズ・S・グラントを介して、琉球三分案を主張してきた。最近、中国共産党はまたこの案を引用してきているので紹介する。

一、宮古、八重山諸島（尖閣諸島を含む）の清国への割譲
二、沖縄本島は従来どおり日支両属とする
三、奄美群島は日本領とする

そこで、明治政府は「分島解約案」を提案。宮古、八重山群島を割譲する代わりに、日本に対し、列国並みの最恵国待遇を与えるよう主張、対立した。

明治十四年十二月、李鴻章は日本案承認の意向を表明し始める。日本政府もこの条約調印に加え、「琉球王子尚典《しょうてん》の清国への転籍を認め、宮古、八重山を領有させる」という譲歩案をも検討していた。

日本案に反対の富川親方は清国に亡命し、総理衙門に反対を表明。奄美五島を含む

沖縄諸島全面返還要求の依頼をした。加えて明治十三年二月には、北京で琉球藩官吏・林世功《りんせいこう》が分島案に抗議の自殺をしている。

沖縄近代化の道遠し

初代県令鍋島直彬は政府方針どおり、旧慣温存策をとりつつ沖縄開化策をとろうとするが、守旧頑固な県民へはなかなか浸透しなかった。そればかりか、旧王府役人、とくに支那党が県の施策をことごとく妨害するのである。政府はこういった士族三百六十七人に金禄を設け、無禄士族授産金八万円を下賜《かし》している。清国の干渉を恐れてのことだ。

明治十三年(一八八〇)二月、県令は標準語普及のため、会話伝習所を那覇に開設。六月には近代化のため本島に師範学校(昭和二十年四月、沖縄戦をもって閉校)、小中学校を設置、また廃藩置県の混乱で低迷していた黒糖製造業を再興すべく、七万円のファンドも創設した。しかし、いずれも奏功しなかった。士族たちは、「琉球王国時代より手取り額が向上した」と日本政府を軽んじる発言を繰り返していたのである。

明治政府が農民に教育の普及を図るが、効果はなかった。琉球王国時代、学問は士族の嗜《たしな》みとする固定概念が妨害したのである。また、長きにわたって施行された地割制の結果、県民の競争意欲、向上心は皆無に近かったのだ。明治政府の官吏河原田盛美《かわらだもりはる》は、廃藩置県直前の沖縄の教育状況を『琉球備忘録』にこう記している。

「従前コノ藩ノ學校ナルモノハ、首里ニ國學校、卽チ、大學校ナルモノアレドモ、入學法、門閥ニアラザレバ、入ルヲ許サス、他首里ニ、二十四ヶ所、那覇ニ、四ヶ所、泊村ニ、三ヶ所アリト雖《イエド》モ、一字ヲモ學バザル慣習ナリ、故ニ、平民ト婦女ハ、讀ムコト能ハズ、依テ、學校ノ方法ヲ改正シ、各校ニ、官有ノ書籍ヲ備ヘ、見聞ヲ博クナサシムルヲ以テ、第一トナスベシ」

しかしこの国学でさえ、朱子学だけが講義されていたのだ。本土では、江戸時代前期にすでに朱子学に批判的な革新思想として陽明学が講義されており、また蘭学などの西洋実証科学教育も普及し始めていた。近代化を急ぐ政府は、学校教育に算術、地理、物理などの理数科教育を導入したが、本土の児童はいち早くそれを咀嚼《そしゃく》している。

ところが、沖縄の児童にとっては無理な話であった。

明治十三年十二月に国学敷地内に中学校を開設（いまの県立首里高校）、国学の在校生（高級士族の子弟）またはそこを卒業した二百四十人のなかから三十八名を選抜して入学させたが、理数系の授業になると全員がまったく理解できず、閉口するのみであった。そして欠席者が相次ぎ、学校は有名無実の状態になる。

そこで明治十五年三月、沖縄中学は従来の生徒に成業の見込みがないとして数十名の長欠生徒に退校を命じ、首里の三小学校から生徒二十名を新たに入校させて明治二十一年、ようやく卒業生三名を出している。創立以来、実に七年経過してのことであった。

当時、授業を受ける生徒の服装は琉装《りゅうそう》、結髪、前帯で煙草入れを腰にさして口ヒゲをひねって授業を受けていたのである。これで体育などできるはずがない。県は、体育は民情に適さずとしてカリキュラムから除外したため、当時、沖縄青少年の最大欠点とされた柔弱《にゅうじゃく》な気風、要するに無気力を是正する術がなかった。

政府は、沖縄平民が文字の読み書きが一切できないことに衝撃を受けていた。そこで、県民に教育振興を図るとともに農地解放を行ない、また地租改訂をほぼ同時に行なった。この二つが地方自治の基礎であったからである。結果、地方議会の開設、国政選挙参政権の実施が可能となり、銀行業務も開始された。ちなみに戦前は、国政選挙権は一定額の納税を行なうことが条件であった。

ここで視点を日本本土に転じよう。

近代化に遅れたわが国は、明治二年に「四民平等」の太政官令を発し、明治五年（一八七二）には義務教育令を施行、欧米列強に早急に追いつくことを国是とした。明治新政府は立身出世の手段として学事を奨励した。仮に学費がない男子は陸軍士官学校、海軍兵学校への進学のチャンスが与えられた。これらのエリート校は、欧州では貴族子弟しか入校できなかったのである。戦前、両校より総理をそれぞれ六名ずつ輩出している。当然、旧平民出身の青年たちには未来志向の気概が高まり、進学熱はいやが上にも高まっていった。「苦学力行《くがくりっこう》」、これが明治以降の平民青少年の合言葉であった。

一方、久米村人たちは、明治政府による沖縄近代化策をことごとく妨害した。さらに中国が彼等の要請を受け、内政干渉を行なった。結果、沖縄の近代化は明治二十八年（一八九五）、日清戦争終結まで著しく停滞した。沖縄では「四民平等」の太政官令が明治十三年に（本土に遅れること十一年）、「義務教育令」が明治十九年（同十四年）にそれぞれ達せられたが、住民にはなかなか浸透しなかった。

明治十八年には、沖縄教育史上初の女子教育が実施された。師範学校付属小学校に、女子三名が入校してきたのである。当時、本土における就学率、男子六五・八パーセント、女子三二・〇パーセント、沖縄は明治三十年になって男子就学率がようやく三〇パーセント、女子のそれは五パーセント以下に止まっていた。

明治二十年（一八八七）二月六日、森有礼《もりありのり》文部大臣が来県し、沖縄女性の勤労意欲の高さを絶賛、女子教育の重要性を強調したところ、翌二十一年四月から沖縄各地の小学校に初めて女子児童の入校を見たのである。しかし、沖縄における識字率の低迷は近代化を阻害した。ちなみに、識字率三〇パーセントは一九八〇年代のタイ農村部の識字率である。当時、沖縄では学校を欠席して農作業を手伝うのが孝行とされていた。

明治十四年（一八八一）六月、第二代県令（県知事）として、元米沢藩主上杉茂憲《うえすぎもちのり》（当時三十七歳、上杉家第十四代）が沖縄に着任した。

上杉は、米沢藩主上杉治憲《はるのり》（＝鷹山《ようざん》、上杉家第十代）の系統である。鷹山は明和《めいわ》四年（一七六七）に家督を継ぎ、財政破綻《はたん》していた当時の米沢藩の復興と農民の疲弊を救うべく学問奨励、殖産興業を行なったことで歴史にその名を留めている。

上杉茂憲は沖縄に赴任すると直ちに離島各地を巡回し、住民の生活状況をつぶさに調査した。「上杉県令巡回日誌」には、当時の農民の窮状が詳細に記録されており、農民の教育レベル、地面に家畜と起居をともにする劣悪な衛生環境等を鮮明に記録しているが、沖縄近代化の最優先課題は教育にあるとしている。

上杉は第一回目の県費留学生として、地元の青年五名を東京に送るとともに、県奨学資金基金として私財三千円を県に寄付したのである。当時、県令の給与は月額二百円であった。上杉はまた政府に意見書を送り、劣悪な衛生環境にある住民を救済すべく、医師養成機関の設立を建議している。明治政府はこれを入れて明治十八年二月、那覇に医師養成機関として医学講習所を沖縄県医院内（のちの県立病院）に開設した。

昭和三年、卒業生の手によって記念碑が設立されている。その碑文に設立の事由がこう記されている。

「廃藩置県後、日尚浅ク県民ノ衛生思想未ダ幼稚ノ域ヲ脱セズ、寒村僻地《カンソンヘキチ》ニ至ッテハ殆ド《ホトン》医薬ノ仁澤ニ浴セザルヲ持テ広ク子弟ヲ教養シ之ヲ賑恤《シンジュツ》救済スルノ必要ヲ認メタレバナリ」

なお、同校は明治四十五年に閉鎖されたが、二百名の医師を養成した。昭和三十年代後半まで、卒業生は沖縄医療の中核を担った。

政府はとにかく、沖縄問題に手を焼いた。明治十二年の廃藩置県からの十三年間で県令（県知事）は七名替わり、上杉を除けば腰かけ程度の意識しかなく、沖縄近代化は放置されたままであった。県民は白党（日本党）、黒党（独立党）、支那党の三派に分派し、地域共同体としてはもはや統制不能状態に陥っていたのである。そこへ容赦なく、県外からの移住が増大していった。

本土では明治九年（一八七六）八月、士族の金禄は廃止され、金禄公債が発行される。このため、士族は経済的特権を失い、商業など新たな職業への転換が迫られた。また、琉球王府が頼った鹿児島は明治十年九月、西南戦争が終結、県令の大山綱良《おおやまつなよし》ら二十数人が国事犯として斬罪（死刑）、懲役刑は警察署長の野村忍介《のむらおしすけ》ら二千七百人を数えている。もはや、鹿児島県人は地元では公職につけなくなる。こうして、沖縄に鹿児島の旧士族や商人が新天地を求めて移住してきたのである。

明治二十七年（一八九四）には、沖縄の人口は四十三万二百九十六名に達しているが、鹿児島県人が二千四百五十五名を数えるようになった。彼らは「二度と失敗は許されない」という切迫感で沖縄に進出してきており、軟弱な県民性では太刀打ちできなかった。

ところが、沖縄には土地の私有制が認められておらず、土地の売買、土地担保主義の適用がなされないのだ。わが国は明治四年に新貨を発行し、貨幣制度を統一したにもかかわらず、明治十一年現在、沖縄は旧銅銭のみが流通し、県民が新通貨、とくに紙幣を信用せず、多量の旧銅銭を持ち歩く情況であった。

このため明治十一年、鹿児島県人で鹿児島銀行設立の発起人の一人、緒方壮吉が内務省沖縄出張所へ両替店の開設を申請し、翌年三月、開業する。そして十三年三月、鹿児島県人による第百五十二銀行が那覇に設立されるが、資本金はわずか五万円であった。このため、県への差入れ担保が不足し、県庁（内務省）は公金全額の取扱いを同行に許さなかった。

明治十六年（一八八三）十月、県庁の要請もあって鹿児島第百四十七銀行（現在の鹿児島銀行）が那覇へ支店を開設する。このため、リスクマネーの提供先が確立されたたことにより、県外出身者によるベンチャービジネスが発生する。福岡県出身の古賀辰《こがたつ》四郎《しろう》が尖閣諸島を開拓するのもこの頃である。しかし、土地担保主義がとれないために貸出金利は高率で推移していた。

一方、宮古、八重山地方には琉球王府が確立した人頭税が存続しており、悲惨な農民の生活を新潟県出身の中村十作《なかむらじゅうさく》が明治二十五年、真珠養殖のため来島して知り、その惨状を中央の政界やジャーナリズムに訴えた。これには明治天皇さえ関心を示され、沖縄離島に侍従を派遣された。もはや、政府の旧慣温存策は限界に達していた。

沖縄近代化に命をかけた男

明治二十五年(一八九二)七月、沖縄改革のピンチヒッターとして、鹿児島県出身の奈良原繁《ならはらしげる》が宮中顧問官から沖縄県知事として着任する。奈良原は当時五十八歳、これまでの知事では最年長であった。ちなみに、県令の呼称は明治十九年の地方官官制公布により「県知事」に統一される。

沖縄の支那党はこの二年前、土方久元《ひじかたひさもと》宮内大臣が旧琉球王子尚順に英国留学と経費負担を提起していたが、これを阻止している。ところが彼らも、奈良原が剣豪で従来の官僚的、宥和的《ゆうわてき》な人材とは全く異なる豪傑であると聞いて緊張していた。当時、沖縄では奈良原の着任に戦慄《せんりつ》さえ走っていたのである。

奈良原は、寺田屋事件では鎮撫使《ちんぶし》の一人として活躍しており、その年の生麦事件では、英国人商人リチャードソンを斬殺したと噂されていた。「下手をすれば奈良原に日本刀で斬り殺される」。士族の長老たちは蒼白となっていたのである。奈良原の口癖、「沖縄近代化のためには誰が何と言ってもあとには退かない、命など惜しくない」は、相当な重みをもって彼らに受け止められた。

そして、三年後の日清戦争の勝利は奈良原に絶大な追い風として作用した。

ところで、奈良原と沖縄との関係は二十年前から始まっていた。

明治四年、琉球藩は廃藩置県により鹿児島県の管轄となった。その翌年、明治五年一月に薩摩藩士として琉球王府を訪れ、同藩の琉球への債権五万円の放棄と、その分を貧民救済に充てるよう通知している。

そして奈良原は明治四十一年（一九〇八）四月までの約十五年間、沖縄県知事を務め、近代化に功績を残した。とくに、次の三点があげられる。

一、農地解放、土地私有制の確立
二、教育制度の確立と人材育成、女子教育の振興
三、那覇港等の産業インフラの整備拡充

奈良原が県政にかけた情熱の一端を物語るエピソードがある。

「歴代の知事として何《いず》れも教育を尊重しない方はもちろんなかったが、奈良原知事は特に教育に重きをおかれ、よく県下の学校を巡視し、学用品を贈与せられ、親しく児童に接して懇諭激励を加へられる」
「島尻農学校の生徒、職員が校費捻出《ねんしゅつ》のため野菜の行商をしているのに感心し、野菜全部を買い上げ、さらに五円（現在の五万円）を与えて激励した」

こうして奈良原着任時、沖縄での小学校就学率が一八パーセント弱であったものが、離任時には九三パーセントまで上昇している。

ここで、当時の国際情勢に目を転じよう。

明治二十七年（一八九四）八月、朝鮮の宗主権《そうしゆけん》をめぐって日清間の戦端は開かれた。清国陸軍百三十三万人、日本陸軍三十六万人、清国海軍八万五千トン、対する日本海軍は五万トン、しかも戦艦は一隻もない。国民は固唾《かたず》を呑んだ。

沖縄中学でも、万一に備えて特別軍事教練が行なわれ、県内では日清両国の勝算をめぐって支那党と白党（日本党）が衝突し、乱闘事件が頻発する。支那党は徒党を組んで神社仏閣に詣でて、清国の勝利を祈っていた。このため、県庁職員や県外出身商人は緊張した。彼らは自警団を組織し、一時、子女を本島中部の山間部に疎開までさせている。

九月十七日、黄海海戦。清国海軍戦艦四隻を含む十八隻に、わが方は海防艦以下、十二隻で戦いを挑み、清国海軍艦船五隻を撃沈破、日清戦争勝利の端緒《たんしよ》を開いている。

奈良原が着任して三年目の明治二十八年（一八九五）、沖縄県政史上の大事件が起こる。明治二十八年から約半年間続いた中学ストライキ事件だ。

その発端は、鹿児島出身校長・児玉喜八《こだまきはち》の横暴にあった。そして、これを牽制していた教頭と教諭一人が免職され、県外転出を命ぜられた。二人とも生徒父兄に慕われ、とくに教頭の下国良之助《しもぐにりようのすけ》は沖縄の吉田松陰《よしだしょういん》とまで呼ばれていた人物である。

児玉は、かつて学事視察で在京の沖縄県費留学生と懇談した際、彼らから復藩論をもち出され、激怒してこの制度を廃止していた。「琉球人には高等教育は早すぎる」と口癖のように発言し、明治二十七年八月には中学の英語科を廃止しようとした。このとき、下国の反対で随意科として辛うじて残された。

ところで、下国が沖縄中学の教頭になったのには訳があった。

明治二十三年、県は沖縄県民の守旧頑固と教育への無関心に焦燥し、本土優秀教員の沖縄招致に努力していた。このとき、下国に白羽の矢が立ったのだ。

下国は東北出身、沖縄行きを躊躇《ちゆうちよ》していたが、文部省から「沖縄の教師は不品行な者が多く、醜聞《しゆうぶん》事件が頻発し、国際上面倒な所でもあるから是非、尽力を望む」と激励され、滋賀県より着任した（「琉球教育」大正十三年二月号）。下国はこの当時二十七歳、沖縄中学の教頭として赴任した。着任すると案の定、「生徒は皆、髪を結って、角帯《かくおび》している有様で心外に堪えぬ状況であった」という（同大正十三年三月号）。下国は、翌年春から思いきった教育方針を展開する。

「生徒の中には厚着をしたり傘をさしたりする者があったが、之を禁止した。私もそれをすまい。諸君も厚着や傘をさすな。自然を征服するのが吾々の本命である。意志の鍛練という事は何よりも必要である。こういう見地から如何なる大暴風の時にも学校を休まぬ、休ませぬという事にした」(同三月号)

下国は、体育中心主義をもって生徒をスパルタ式に鍛えあげた。また、同時に家庭訪問を頻繁に行ない、父兄の啓蒙《けいもう》にも努めている。そして五月、全校生徒の琉球結髪を切り落とした。明治四年、東京では散髪、脱刀令が出されているにもかかわらず、当時の沖縄県人のほとんどがまだ結髪で、「散髪する者は反逆者か売国奴か、何か非常な悪事を働く者の如く見られて、父兄は勿論、親戚、知友に至るまで交りを絶つという有様であった」(同大正十三年二月号)。断髪された生徒のなかには、退校したり自殺した者もいた。このため、下国は県知事から注意処分を受けているが、実は陽に叱《しっ》責《せき》され、陰に賞賛されたという。

明治二十七年五月、下国は生徒の向学心と父兄の啓蒙に資するとして、沖縄教育史上初めて、沖縄中学の二年生以上を阪神地方に旅行させている。また、校則に奨学制度を設け、競争原理を取り入れ、学年末試験で各学科の八十五点以上を獲得した者へは学費を免除した。

こうして、下国の学校運営はさまざまなところで成果をあげていた。とくに明治二十五年、江木千之《えぎかずゆき》文部参事官（のち枢密院顧問官）が視察のために来校して生徒に試問しているが、生徒の活発な返答に参事官は驚嘆していたのである。

下国の情熱は生徒のみか父兄をも魅了していた。中学ストライキは漢那憲和《かんなけんわ》以下、最上級生五名のリーダーシップの下に行なわれてはいたが、全校生徒の父兄、そして教職員が味方し、全県的な運動へと拡大していった。そしてこの五名はのち、沖縄の指導的地位を占めるようになる。

明治二十九年三月、ついに奈良原知事は児玉校長の更迭《こうてつ》を決断した。そしてこの直後に、奈良原はこのストライキを首謀した漢那憲和を見初め、海軍兵学校進学への支援をする。漢那は当時、難関中の難関といわれた海軍兵学校、海軍大学校をそれぞれ恩賜組で卒業し、のちに海軍少将となり、さらに予備役後は民政党の代議士として中央政界で活躍した。とくに漢那は大正十年三月五日、昭和天皇が皇太子時代、欧州ご外遊への途次、お召艦《めしかん》艦長として皇太子の沖縄訪問を実現し、県民を感泣《かんきゅう》させている。

当時、お召艦艦長という役職は海軍士官最高の栄誉とされていたのである。

明治四十一年四月、奈良原は離任するが、県民はその功績を後世に顕彰するとして、那覇市奥武山《おうのやま》公園中央に銅像を建立《こんりゅう》した。しかもその隣には、明治三十六年に建てられた改租記念碑（地割制廃止記念碑）があった。いずれも沖縄戦で破壊され、現代の沖縄史家は奈良原を悪代官のように表現している。

「植民地のごとく特別会計に改めてもらいたい」

明治四十一年（一九〇八）以降、沖縄には特別島嶼《とうしょ》町村制が施行されていた。特別となったのは、県民の識字率が依然、低迷しており、かつ生産基盤は整わず、県財政の七〇％が国庫補助を受けていたからである。

大正五年（一九一六）頃から、沖縄では本土並みの一般県制および市町村制の施行を訴える県民運動が開始された。地元紙『沖縄朝日』『琉球新報』が「本土並みの地方自治」のキャンペーンを展開したのが主因である。これに村の青年団が扇動されて、県議会に対し同様の陳情を繰り返した。あれほど廃藩置県に反対した民衆が、今度は一日も早い本土並みを要求するようになった。現実無視、理念追求の県民性がここに見えてくる。

大正九年(一九二〇)四月から、一般県制市町村制が施行された。県はこのとき、特別県制廃止によって削減される国庫補助費二十万円(現在の約四百億円見当)を穴埋めするため、倉庫、不動産取得税等を新設している。ところが、沖縄県民の最大の失敗は、旧藩時代の狭小な行政区画を統廃合することなく、また税収のあてもなく一般県政を施行したことである。非統制社会で地域エゴの強い沖縄では、議会制民主主義の定着は困難であった。

また、社会基盤弱小な沖縄の財政が維持できるはずがなかった。加えて、県市町村会議長選挙が行なわれるたびに過度な政争が各地で展開され、徒《いたずら》に時間が浪費された。そして沖縄は、一般県制市町村制施行による財政破綻と沖縄経済のバブル崩壊が重なるという最悪の事態を迎えるのだ。

大正八年六月、第一次世界大戦によるバブル景気の頃、台湾銀行との関連で有名な鈴木商店(現在の双日)をはじめとする安部、増田屋の大手が沖縄産黒糖に投機を始める。この結果、黒糖は大阪市場で従来、百斤(約六十キロ)あたり約十七円(現在の約八万五千円）つけていたものが、八月には二十二円、九年一月には四十六円という最高値をつけた。加えて日頃、沖縄に関心を寄せていた政友会の原敬《はらたかし》が首相とあって、那覇港の拡張工事など大型公共工事が実施された。沖縄経済もバブルを迎えた。

一方、地元資本による銀行も土地私有制が実現した結果、明治三十二年から四十年にかけて設立された。この頃、三行が営業していたが、過当競争から農家に貸付を競って行ない、作付面積を拡大させ、さらに県民には投機資金を貸し付けた。当時、県民の間では百円から二百円の資金を銀行から無担保で借入れ、農家から黒糖を買い付け、それを本土の仲買人に買い値の二、三倍で売りつけるマネーゲームが流行した。

ところが、一般県制施行の翌月の大正九年五月から、黒糖価格が百斤あたり二十七円に急落、さらに十年五月には十八円以下に下落する。大正九年一月から町村制は施行されたが、大正十二年までには一般市町村制施行により急膨張した市町村の財政が破綻、那覇市民の納税率も四九パーセント以下となり、首里市（当時。昭和二十九年、那覇市に合併）では首里城さえ維持管理不能となり、取り壊しを決定していた。

大正十三年（一九二四）六月時点で、地元三行の貸出額合計約七百万円（一万件）のうち実に回収不能額（今風に言えば第四分類）合計二百七十万円、不良貸し（第三分類）

二百二十万円という実態が判明、実質的には合計四百九十万円が回収不能となっていたのだ。そして大正十四年五月、地元三行は相次いで倒産した。

市中の高利貸し（いまのサラ金）から借金した農家は惨《みじ》めだった。年収五十円にも満たないのに一戸あたり六百円という負債を抱え、利息を支払うのがやっとの状態だった。国民は当時、沖縄が南僻の地にあるため、また朝鮮、台湾方面の経営に視点を集中しており、沖縄の破綻を認知できなかった。県の公金取扱いに指定されていた地元資本の沖縄産業銀行が破綻し、内務省から出向中の職員の給与が未払いになったことから、初めて沖縄の実態に気付いたのである。

鈴木知事は、大阪府の内務部長から行政手腕を買われて沖縄県知事に就任したが、県政運営に疲れて健康を害し、大正八年四月に内務大臣に休職願を提出した。

沖縄は、日本内政の最大の難所であった。官吏は沖縄に赴任するのを忌避していた。鈴木知事の前任の小田切磐太郎《おだぎりいわたろう》は大正五年四月、「任、沖縄県知事」の辞令をもらうや、ただちに辞表を提出していたのである。

大正末期の沖縄を調査した大阪毎日新聞経済部長の松岡正男は、同社の号外「赤裸々に視た琉球の現状」で、この沖縄経済破綻の原因を「地割制度の生んだ弊害は貯蓄心と独立心の欠乏」にあるとし、「沖縄県民はこうしてお互いに依存し合いつつ、相共に亡びの淵に落ち込んで行ったのである」と結論している。

ちなみに、沖縄県民は現在でもこのもたれ合いの気風が強く、「ユイマール」と呼称している。

話を戻そう。松岡は、当時の沖縄をこう表現している。

一、食糧自給不能
二、貿易入超
三、通貨流出
四、借入れ金利全国最高（貸付周旋人の手数料、首里市で全国最高の二割八分を記録）
五、山林荒廃（建築用材となる山林はすでに枯渇しており、本島北部名護では木炭製造のため樹木さえ伐採していた。農林省は、「このまま乱獲伐採を続ければ、七、八十年後、本島の森林資源は完全に枯渇する」と警告していた）
六、財政膨張（大正二年から十年間に、財政は三倍以上の百八十六万四千円に膨張、対する生産額の増加率は二倍弱）

七、労働賃金全国平均の三分の一
八、農家の生活水準全国平均の三分の一

大正十四年（一九二五）二月二十四日、県出身の代議士四名が帝国議会に沖縄救済に関する建議案を提出、「多少植民地行政の長所を加味し、この際特に相当の財源を沖縄に委譲せられ、積極的にその救済ならびに助長開発を図るのが最も策の得たるものと信ずるのであります」と意見したあと、さらに県内世論の一つとして「植民地のごとく特別会計に改めて貰いたいと論じている」と付言している。

わが国の植民地政策の特徴は、地域振興と人材育成を促進するため、内地の官吏が赴任するときは本俸に手当て七〇％が加算され、十五年でつく恩給が十年に短縮された。

明治四十一年十月二十四日、沖縄振興が遅々として進まないため、政界で沖縄を台湾総督府の統制下に入れる南洋道構想が話題になった。このとき、『琉球新報』を中心とするジャーナリズムが「植民地扱いは言語道断」と反対運動を展開したため、取り止めとなった。沖縄出身者で帝大や高等師範学校を卒業する者でさえ沖縄には赴任せず、朝鮮、台湾へ自らの希望で赴任していったのである。沖縄はまさに真空状態に陥りつつあった。

沖縄県庁の産業課長であった田村浩は昭和二年、その著『琉球共産部落の研究』で、「沖縄県民は由来祖先を尊《とうと》び守札に厚く純朴なる美風があるが、姑息因循《こそくいんじゅん》にして比較的に依頼心が強く、他人の成功を妬《ねた》む癖がある。従っていずれの企業を問わず、すべて失敗に終わっていることは過去の事実が之を証明している。

さらに、階級闘争的思想比較的に強く、権勢の争亦常に絶えず、延いては諸般この発展に及ぼす影響が極めて大なるものがある。

これは、有識者階級の罪である。今日沖縄の救済策を講ずるに当たり、先ず革新を要すべきは人心の覚醒にある」

と発言している。

的中した毎日新聞・下田将美の忠告

大正十三年の沖縄経済破綻翌年の大正十四年、政府は沖縄救済のため各省係官を沖縄に派遣（第一次沖縄救済施策立案調査）、その翌年には沖縄産業助成費二百五十二万九千円を計上、さらに工業助成費、産業振興資金等合計五百万円（現在の約五百億円相当）を、沖縄県債引き受けの形式で投入した（年利〇・四八％）。加えてこの年、衆議院議員の補欠選挙で来県した三大政党の幹事長が沖縄の窮状に驚いて、閣内に超党派の「琉球経済振興委員会」を設置した。

しかし、沖縄への批判も少なくなかった。昭和三年、大阪毎日新聞の記者・下田将《しもだまさ》美《み》は、「琉球よ何処へ往く」と題してこう述べている。

「ただただ私は政府の救済が実現されると共に、これに伴って一言心からの苦言を呈して置くことを忘れたくない。それは、『琉球よ、汝《なんじ》は今生涯の分岐路に立っている。過去の苦痛を振るい落すべき救ひの手は下りつつある。されど心せよ。此時に汝が精神的に目覚めずば、救ひの手は却って汝を救ふべからざる地獄に陥し入れるであらう。

琉球よ、汝は何処へ往く。地獄か、極楽か。それはただ汝の心次第である』と云うことである。

琉球の人がいかに無自覚にして努力勤勉の気に乏しいかは私は前に書いた通りである。私はこの点においては、もっともっと毒言《どくげん》を弄《ろう》して置きたいと思ふ。

島国根性のあらゆる欠点は琉球において見出される。排外の狭い考へから、いかに琉球の人々はひがんだ想ひを内地によせているか、しかも、口を開けば救済、救済と叫び、一を得て二を望み、二を得て三を望む。自ら額に汗して努めることを嫌ひ、ただただ外部よりの救ひの手を待たうとする。かやうな考えの改まらぬ限り、恐らくは政府の救済も水の泡となろう。

五百万円の莫大な金は言ひかへれば国民の血と汗との結晶である。この尊き金は琉球に流入して疲弊せる孤島に一時の花やかな世界を現出するに役立つであらう。けれども琉球の人が昔ながらの根性を捨て去らぬ限りは結局それは暗の中にひらめいて、一瞬にして消ゆる線香花火の花やかさと何の選ぶ所もなくなるであらう。

二百五十万円の興業銀行（正式には、「沖縄興業銀行」、倒産三行を合併して作られた）への融資が、結局は辻の遊郭を一時賑《にぎ》わすにすぎぬのではないかと憂ふるのは、ひとり私ばかりではないであらう」

当時、辻遊郭には約三千人の娼妓《しょうぎ》がいた。とくに「詰めジュリ」は妾《めかけ》を辻遊郭におくシステムで、何名囲っているかが沖縄男性のステイタスとなっていたのである。

この下田記者の忠告は的中し、昭和五年（一九三〇）、沖縄は再び経済危機を迎えた。昭和五年六月十二日の『大阪朝日新聞』には、「我が可愛い娘を盛んに売り飛ばす。わずか七〇円や一〇〇円くらいで……」の批判記事が掲載されている。

沖縄県知事はこのため、昭和十年八月と十三年八月に、人身売買の禁止を県下市町村に再三にわたって通達している。この頃、サイパンやテニアンの南洋群島の遊郭の娼妓は、沖縄出身女性によって占められていたのである。

沖縄出身者は、なぜ、かくも教育水準が低かったのか

さて、大正十年（一九二一）頃、本土には約七万人の沖縄出身の出稼ぎ者がいた。ちなみにこれは、当時の沖縄の人口の実に一二・八パーセントに当たるのである。しかし、彼らはなかなか日本社会に溶け込もうとしなかった。

「大阪において本県出身の青年労働者が酒に溺《おぼ》れ、欠勤が多く、月給より日給を求め、

沖縄県民への信用を傷つける」（『沖縄県史』新聞編、明治三十四年九月）とか、「他府県出身者と交流しようともせず、終業後、公園に県出身男女が集まって、泡盛《あわもり》を持ち寄り、沖縄方言で放歌高吟《ほうかこうぎん》し、一種独特の集団を形成していた」という。

当時の関係者の話を総合すると、県出身者には次のような欠点があった。

一、標準語が不十分で的確な意思疎通ができなかった
二、忍耐力や向上心が不足していた
三、礼儀作法が不十分であった
四、酒色に溺れ、県人のみで小集団を作る癖があった
五、時間や契約を順守する意志が薄弱であった

大正十二年（一九二三）、大蔵官僚であった神山政良《かみやませいりょう》（沖縄出身、オックスフォード大卒）は、関東大震災で被災した県出身労働者救済のため、京浜地方を訪ねた。そのときの情況をこう述べている。

「鶴見とか川崎に労働者達が住んでいるらしいという話はわかっていたが連絡がなかった。行って彼らの居る所を捜していたんだが誰も知らない。色々説明したところ『ああ琉球人部落ですか』といって（道順を教えてくれた）、行ってみてびっくりしたよ。小さな所で、しかも表でなしに皆、裏に住まっていて、グループをなして昼から三味線をやっているんだ。あれはどうも誤解を受けるのは無理ないと思ったね」（新崎盛暉《あらさきもりてる》編『沖縄現代史への証言』）

明治藩閥《はんばつ》政府時代、東北出身者はほとんど要職につけなかった。また、東北の山林さえことごとく政府に接収されるほどの差別を受けた。しかし大正になると、彼らは陸海軍をはじめとして中央各界に人物を送り出しているのである。この東西の競争心が、明治以降の日本のポテンシャルを引き上げた。

ところが、沖縄県民はこの闘争心に欠けていた。そして、この排外の意識が共産主義運動、無政府運動へと転化していくのである。

一方、県出身の移民はどうであったろうか。

大正十四年（一九二五）現在、その総数は実に二万人にも達していた。彼らの生活は苦しかった。昭和四年（一九二九）、帝国海軍練習艦隊でブラジルのサントスに寄港した渡名喜守定《となきしゆてい》元海軍大佐（元オランダ駐在武官）は、彼らの生活をこう語っている。

「ボロボロの衣服をまとい、藁縄《わらなわ》の帯に裸足という姿であった。沖縄よりもひどい生活で、農奴のようで、移民というよりも、棄民といったほうがよかった」

そして彼らも、他府県出身者と摩擦を生じていた。移民一世の仲村信義はその一因を、北米県人史にこう述べている。

「移民の教養が低ければ、海外で差別排斥されがちであるので、其の教育は、甚《はなは》だ重要なことであった」

昭和二年、代議士に当選した漢那憲和は海軍時代、各地の移民に接することが多かったため、その対策として移民希望者への躾《しつけ》教育の必要性を強調、県下の篤志家や移民に呼びかけて浄財を集め、昭和七年にその教育施設、海洋会館を那覇市若狭町に建設した。

そして初代館長には、漢那の弟で元小学校校長の漢那憲英が就任し、海軍兵学校式の全人教育を施《ほどこ》した。指導員は、元教職員や軍隊経験者が手弁当で参加した。

なぜ、沖縄出身者はかくも教育水準が低かったのだろうか。

第一に教育投資の軽視である。那覇市内の代用教員の給与は当時、約三十円。ところが南米へ移民すると、政府の使用人の最低給料は百五十円、白人の家に下男奉公しても四十円はもらえた。このため、「教員給与は砂糖樽一丁代」といって軽蔑されていたのである。

昭和十六年、沖縄女子師範学校付属国民学校の主事（校長）をしていた仲宗根政善《なかそねせいぜん》は、「当時の訓導たちが、『豚のことはかまうが、子供のことは一向にかまわない』と、こぼしながら家庭訪問をしてその指導を行っていた」（前出、『沖縄現代史への証言』）と発言している。しかも、戦前の沖縄は早婚の習慣があり、家庭教育も不十分であった。

大正三年、県立一中の学芸会で、生徒の石川正通が英語で次のセリフを発言している。

「通堂《とんどー》（那覇）から首里坂下まで見よ、そこには、沖縄人の店は一つもない、全部他府県人の店ではないか」

すると、「グスクマー」と反論する者がいた。それは、沖縄県人が経営する唯一の商店、城間《ぐすくま》という油屋があったのである。要するに、県都那覇のメインストリートに開店する商店の九九パーセントが他府県人（とくに鹿児島）の経営であった。いつしか、那覇の少年たちの間では「サツマセイバツ」という遊びが流行するようになる。それは、県外出身商人の店に品を買うあてもないのに出入りし、品を詮索することによって彼らに徒労を強《し》いることであった。

深刻な不況と共産党活動家たち

大正十四年（一九二五）九月、倒産した地元三行の債権、債務を継承した新銀行、沖縄興業銀行が設立されるが、資金の目途《もくと》がつかず、また旧経営陣の責任も一切追及されないまま、一部預金の切り棄てが行なわれた。このため、県民の地元行への不信と反発は高まり、第百四十二銀行（現在の鹿児島銀行）に依存するようになる。

昭和二年四月二十日、政友会の田中義一《たなかぎいち》が組閣、この年、沖縄金融機関救済のため、公的資金二百五十万円の投入と、新銀行設立の件が政府で討議されていた。

昭和二年九月、沖縄県議会は新銀行「沖縄興業銀行」への公約資金の保証をめぐって、臨時県議会を開催した。この時、慎重意見を述べる予定であった県議湧上聾人《わくがみろうじん》の発言が突然、同僚県議によって阻止されている。当時、有力県議のほとんどが倒産銀行の関係者、債務者であったのである。

結局、公的資金の沖縄県による債務保証は確定し、昭和四年に新銀行が設立された。条件は無利息五年据置き、二十五年後の昭和二十九年が返済期限であった。

ところが、この債務保証は昭和二十年四月一日、米軍上陸の際に米軍布告をもって沖縄県庁および県議会は消滅しており、政府債権である公的資金は債務放棄となった。また同行も、昭和四十年八月に清算事務が行なわれ、歴史から消滅した。結局、昭和から沖縄戦まで国庫事務を行なったのは第百四十二銀行で、沖縄戦にも本島南部の避難壕内で最後まで営業し、戦死者まで出している。

では、産業構造はどうであったか。

昭和八年時点における沖縄農業の後進性については既述したが、県民は生産性向上への自助努力よりも、また政策的援助を陳情するようになっていた。

大正十四年十二月、沖縄県議会は「黒糖白下糖消費税並沖縄県産分蜜糖原料生産者保護請願書」を全会一致で採択、①砂糖消費税（生産者負担）の全廃②生産農家への保護処置を申請している。しかも昭和十一年九月、政府が輸入砂糖の自由化を図ったため、県議会は「砂糖関税並附加税減廃反対陳情書」を採択し、自由化に反対している。

高コストの沖縄産砂糖はもはや国際競争下で生存できなかった。そして、農民には負債だけが重なっていったのだ。

ちなみに昭和四年時点、県民の預金合計六百四十万円（国債を含む）に対し、借入金合計一千六百五十万円を数え、沖縄戦開始直前には、沖縄農地の七割に担保が設定されていた。このため、農民は農業を諦め、地元の高利貸から借金して支度金を作り、続々と移民出稼ぎへ旅立っていった。一方、県下の本土資本の製糖工場ではストライキが頻発し、また、新設しようとすれば「農民搾取が始まる」として、いまの基地問題のように反対運動が起きた。

とくに戦前、県内最大の規模を誇った台南製糖会社の小作、および労働争議は有名である。同社は本土資本で、明治四十四年にいまの米軍嘉手納基地のある嘉手納間切りに竣工していた。同社の特徴は、尚家から七万円で購入した隣接の牧原農場に小作人を集め、一定年限開墾および小作に従事すれば、土地を分譲することを謳《うた》っていたのである。同社はこの小作人約二百人を工場内労働者としても使用した。

昭和元年、共産主義的思想をもったとされる十数人の小作人がその条件の改善を要求（『沖縄県史』）、以来、労使の対立紛争は頻発した。そして五年六月には、約二百人が三週間にわたって大規模なストを決行、これに県下の労働組合、および工場周辺の自作農まで結束したため、会社は県庁の調停で労働者側の要求を呑むことになった。平均四十七銭の賃金に八・三パーセント（四銭）の上乗せ、労働条件の改善等が行なわれた。

昭和三年以降、県下各地で労働争議が相次ぎ、四年五月には那覇市の人力車組合、陶器製造工場が、また九月に樽士組合がスト、またはサボタージュを決行、企業の倒産も相次いだ。

昭和五年三月、那覇市の失業者は六千人を越え、当時の同市人口の約一割に相当していた。那覇以外の町村の不況はさらに深刻であった。県下町村のほとんどの税収が激減し、破綻寸前の状態に陥る。小学校教員の給与支払いも滞《とどこお》り、郡部では学校閉鎖が相次いだ。地域によっては通貨が枯渇し、原始社会に逆戻りした様相を呈する。一方、昭和二年より三年にかけて、沖縄県産業救済のためとして大蔵省から融資された産業振興資金約四百万円は、返済延滞が相次いだ。

大正十五年三月の『中央公論』に、作家の広津和郎《ひろつかずお》が県出身者を題材に「さまよへる琉球人」を掲載している。内容は契約観念、礼節に欠ける沖縄出身の主人公を描きつつ、その友人が「社会主義者」と自称しながら広津の訳本のオリジナルを平然と詐《さ》取《しゅ》する光景を描いている。こういう風潮の下で、沖縄の左翼運動家が「差別反対」を唱えて活動した。

大正十三年二月、関西に沖縄県人会が結成されるが、この中心的役割を担当したのが県出身の共産党活動家松本三益《まつもとさんえき》、井之口政雄《いのぐちまさお》である。

松本は旧姓真栄田で、大正十四年、二十一歳で無産青年同盟大阪府委員長となって大正十五年に検挙され、出所後、日本共産党に入党した。以降は昭和十五年と二十八年に検挙されながらも活動を続け、戦後、日本共産党第六回大会で中央委員となり活躍している。井之口政雄も大正十二年に共産党に入党、「無産者新聞」編集局長として活動。戦後、共産党兵庫県委員会再建に参加、昭和二十四年、兵庫県から衆議院議員に選出され、党国会議員団長を務めている。

一方、日本共産党の雄、徳田球一《とくだきゅういち》は彼らとは別個に活動する。大正十一年、モスクワの極東民族大会に日本代表の一人として出席、帰国後、日本共産党創立に参加し、中央委員となった。十三年に検挙され、出所後の昭和二年、モスクワの二十七年テーゼ作成に参加、三年には福岡県から労働農民党所属で立候補、落選。同年、三・一五事件で検挙され、以後（終戦まで）、法廷と獄内で十八年間、非転向で闘いとおした。

沖縄県人と共産党コミンテルンとの関係は国際的にも有名である。昭和十六年十月にゾルゲ事件で逮捕された沖縄名護出身の宮城与徳《みやぎよとく》は、昭和十八年に獄中で病死したが、平成二十二年、ロシア政府より祖国戦争第二等勲章が遺族に授与されている。その他、昭和七年一月、同じく名護市出身の島袋正栄《しまぶくろせいえい》他四人の県出身青年が、米国ロングビーチにて共産党南ロサンゼルス地区大会で逮捕され、国外追放処分となり、ソ連に亡命している。

歴史に隠された沖縄の恥辱

現代史において、沖縄県がひたすら隠している史実がある。戦前、沖縄で猛威をふるったハンセン病と県民による患者への迫害、差別の歴史である。人道を甚だしく逸脱したこの行為は際限なく拡大していったが、県民独自では解決、打開の目途をまったく立てられなかった。

昭和二年（一九二七）三月二日、キリスト教宣教師青木恵哉《あおきけいさい》が熊本から救ライ活動のため来島した。青木はハンセン病に罹患《りかん》していたが、県内各所を伝道し、キリスト教の博愛精神を県民に訴えながら患者のケアに努めていた。それと同時に、県民による迫害の惨状を全国に報告して援助を要請した。

ハンセン病の患者発生率は沖縄が全国ワーストワンで、とくに本島北部名護や宮古、石垣島に集中していた。沖縄におけるハンセン病患者は全国平均の二十倍以上、当時の五十九万の人口に対し、罹患患者三千名以上と分析されていたのである。

昭和七年（一九三二）三月、沖縄県は名護町（当時）の了解の下、同地にハンセン病療養施設を着工しようとした。ところが、地元民による建設阻止の暴動が発生し、公務執行妨害で逮捕された町民十五人が名護署に留置されたため、約一千名の群衆が警察署を取り囲み、奪還する騒ぎにまで発展した。当時の沖縄県警察部は、県下各警察署、消防団員合計三百人を動員していたが、反乱群衆を制することができなかった。

沖縄におけるハンセン病療養施設建設の試みは明治四十二年四月から開始されていたが、県会（県議会）の反対や建設予定地域住民の猛反発を受けて断念していた。このため、県は建設を断念し、患者を鹿児島の療養施設に船で移送したが、異常に増加するハンセン病の防遏《ぼうあつ》は後手に回り、罹患者は拡大の一途を辿っていたのである。

沖縄の習慣は戦後まで、大衆は感染症に罹患すると医師の診察を受けず、ユタ（巫女）の呪術《じゅじゅつ》にすがった。このため病気は悪化し、瞬《またた》く間に伝染していった。

沖縄では、ハンセン病は天刑病《てんけいびょう》または遺伝病とされ、罹患すると一族郎党から放逐されたのみか、たとえ死亡しても祟《たた》りがあるとして、一族の墓にも入れなかった。名護の海岸で、ハンセン病に罹患した年頃の娘をもつ母親が、娘の将来を悲観して自殺を図り、泣き叫びながら胸に石を何度も打ち付けて死亡するという惨状も発生していた。

患者たちは海岸沿いの洞窟やちり捨て場付近に小屋を造って身を寄せ、移動は夜間、人目を避けて行なった。罹患した婦女子が昼間に通行すると民衆から投石されたり、児童からさえ患者の蔑称である「ニンプチャー」「クンチャー」の言葉や唾を浴びせられた。なお、小屋は付近住民に襲撃され、焼き払われることが多々あった。

患者たちはそれでも物乞《ものご》いを生活の糧としていたため、日中、町に行動することがあったが、心ない店主や家人に追い払われると、報復に軒先の水瓶に糞を入れる行為を行なうこともあった。戦前、沖縄は慢性的な水不足で、また水道施設が完備していなかったため、各商店や家庭が軒先にそれをおいて雨水を溜めていたのである。

一方、ユタが「ハンセン病は人に移せば治る」と発言したため、これを伝え聞いた罹患者の一部はわざわざ雑踏に進入し、一般住民への接触を図った。第二十二代沖縄県知事井野次郎《いのじろう》はこの光景を「慄然《りつぜん》」と表現し、「憐レムヘキハ沖縄ノ民ニシテ自暴自滅ノ淵ニ吾ト我身ヲ進ミ行キツツアリ」と、沖縄県内政部衛生課文章に記述している（昭和八年四月）。

昭和十二年五月十二日、貞明《ていめい》皇太后、三井報恩会、キリスト教会からの浄財により私設療養所、沖縄ＭＬＴが本島北部の離島、屋我地島《やがじしま》に設立された。当初の収容人員は、宣教師の青木も含め十五名であった。青木はこの土地の一部を地元民名義で秘かに購入していたのである。昭和十二年十一月、政府は総工費十七万八千円で施設を起工し、既存の私設療養所を吸収拡大させた（翌年二月五日、「国頭《くにがみ》愛楽園」と命名）。沖縄戦を目前にした昭和二十年一月には収容人員九百十三名に達し、定員四百三十人を二倍以上オーバーしていたのである。

愛楽園に収容された患者が驚嘆したのは、入所直後に園から敷布団を支給された時であった。沖縄では上流階級しか使用せず、庶民はゴザに寝起きしていたのである。加えて米飯も配食され、患者は家族に「屋我地島は天国です」という内容の手紙を書いている。当初、彼らは各所管警察署を通して愛楽園に貨物車で移送されてきたため、処刑されるものと怯《おび》えていたのである。「愛楽園では患者が国費で厚遇され、治療を受けている」との情報は県下に瞬く間に広まり、各警察署には罹患患者が入所を希望して夜間、こっそり訪ねる光景があった。残念ながら、沖縄戦突入までに患者の完全収容はままならず、避難壕で患者と接触した児童が、戦後、多数発症している。

沖縄にとって幸運が訪れる

ところで、国立療養所建設の原資は、昭和七年に制定された「沖縄県振興十五カ年計画」である。その制定過程を見れば、当時の沖縄と国家の関係が明白に見えてくる。昭和五年頃、沖縄振興について内外で真剣な討議が起こる。従来の逐次投入型の補助を改めてインフラを整備し、また沖縄の発展を阻《はば》むハンセン病、マラリア、結核等の感染症を防遏《ぼうあつ》しようというのだ。昭和五年八月に沖縄県知事に就任した井野次郎は北海道の土木部長からの赴任であり、北海道拓殖計画に準じて沖縄振興開発計画を起こすべく約一年間、東京に滞在して立案に奔走《ほんそう》した。

沖縄にとって幸運が訪れる。天皇のご配慮である。

昭和七年一月十五日、『大阪朝日新聞』朝刊一面に「沖縄県政につき、特に有り難き御下問、井野知事より奉答」という見出しで、昭和天皇が沖縄に示したご関心の高さを示す記事が大きく報道されている。

この前日、全国地方長官会議（現代の全国知事会）が東京で行なわれた。天皇は各長官を宮中に招いて午餐会《ごさんかい》を催《もよお》された。出席者には、いずれも自己紹介のみという指示が達せられていた。ところが天皇は突然、井野次郎沖縄県知事に対してのみ沖縄の現状、とりわけ振興開発の現状について詳しくご下問され、他府県知事を驚かせていた。

この時代、昭和六年から七年にかけて、とくに東北、北海道地方は未曾有《みぞう》の凶作に見舞われており、飢餓人口は四十五万人を数えていた。昭和七年七月十八日の地方長官会議で、石黒英彦《いしぐろひでひこ》岩手県知事は「一日一食となる傾向あり、電灯は点ぜず、また役場吏員、学校教職員等の給料不払い多し」とその窮状をつぶさに報告している。

昭和天皇は毎年三月三日、欧州ご外遊時の関係者を宮中に招いて午餐会を催していたが、その際、とくに漢那に思いを深くされ、沖縄の振興状況について絶えず詳しく御下問されていた。

井野知事の奉答内容は以下のとおりである（同『大阪朝日新聞』引用）。

「私に対しては特に御下問がありましたので沖縄県の産業も幸い各方面からの援助により次第に立ち直って参りましたが、特に今回大規模なる産業振興計画を樹て（昭和八年施行「沖縄振興十五カ年計画」）、目下政府に承認を要望しておりますが成立の際には、沖縄県産業は節目を一新することを信じる旨奏上致しました。

さらに昨年、宮古、八重山方面の暴風雨の際は、早速御内ど金を賜はった御礼を申上げ、その後政府からの補助金も与へられて益々、復興の実を挙げている点を奏上して退出いたしましたが、恐れ多くも陛下はいと御満足げに御肯き遊ばされました。

陛下がよく辺地の民にまで常に大御心《おおみこころ》を注がせられる有り難き聖慮にはただ感激のほかありません」


政局も沖縄にプラスに作用した。

同年五月二十六日、海軍大将の斎藤実《さいとうまこと》が組閣した。斎藤は沖縄県出身の代議士漢那憲和と海軍兵学校で同窓である。また、時の海軍大臣岡田啓介《おかだけいすけ》が漢那に支援を惜しまなかった。昭和七年、こうして内務省は、沖縄県提出の県振興十五カ年計画案を無修正で内務省案として可決した。そして八月十一日には、閣内に「沖縄県振興計画調査会」を設置した。以後、十月、十二月と会議が催され、同案を一部修正したあと、十二月六日の閣議で正式決定されたのである。

ちなみに、「沖縄振興十五カ年計画」は十項目から成り立っており、予算合計六千八百四十六万円が計上されていた。そして、年平均四百三十六万円が、昭和八年から二十二年までの十四年間に支出されることになっていたのである。

ここで、県民も従来の政治的パッションを反省し始める。この計画の理由書にこういう表現がある。

「（沖縄県は）名ハ縣ナリト雖モ實ハ卽チ搖籃《ヨウラン》ヲ離レタル一嬰兒《エイジ》ナリ。其ノ養育保護ヲ俟テ始メテ他日有爲ノ士トナルベカリシナリ。朝鮮、台灣、北海道ノ如キ皆然ラザルナシ。獨リ沖縄縣ニ關《カン》スル爲政者識者共ニ事茲ニ出デズ、其ノ內容ノ充實ヲ顧ミズ、徒ニ制度ノ改廢自治權ノ確立等形式ノ整備ニ餘念ナク其ノ實ヲ忘レタル洵ニ恨事極リナシ」（朝鮮、台湾、北海道は植民地財政下にあった）

一方、昭和六年十月から、内務省は農業技手（技師）を県内各農村に駐在させて、農家の生産性向上の指導にあたらせた。技手たちは当初、沖縄農業の後進性に唖然としていた。ヘラのような幼稚な農器具しか使用されておらず、人肥以外の化学肥料による施肥も極めて少なかった。また、主食のサツマイモでさえ寝かせ植えで、「農地の有効利用」という視点がまったくなかった。技手たちは丁寧な啓蒙活動を行ない、サツマイモも帆立植えにするよう指導した。この結果、一反あたりの収穫高は四倍増の実績を上げるようになった。

昭和六年八月、デフレ・スパイラルの沖縄に好況が訪れる。帝国海軍が小禄《おろく》飛行場（現在の那覇空港）の建設に着手、八年に完成する。当時の好況ぶりが、小禄村誌にはこう記されている。

「荷馬車しか通れない道路がどんどん拡張され、戦争に備えた『作戦道路』が開発されていったのである」

「この土地の地代は坪当たり八〇銭、農作物の補償費として一三銭が支払われた」

「純農村であった小禄村は農作物の運搬と那覇あたりからもらいうける水肥（人肥）、廃棄物等の運搬に欠かせないため、一戸あたり一台の荷馬車をもっていた。これが軍に協力ということで狩り出された。しかし、工事を請負った土建業者に雇われるのだから、一台いくらと請負業者から運搬距離によって料金伝票が切られ、月末にはまとまった現金が支給される仕組になっていたので、いつしか『飛行場モウキ（儲け）』という合言葉が生まれ、各家庭が競って砂利掘りから運搬に精を出すようになった」

昭和十七年になると、今度は陸軍が飛行場建設に乗り出す。しかも宮古、八重山、伊江島を含む県下十四カ所に、十七年から十八年にかけてほぼ同時に着工した。一日の基地建設労働人員は二万人を越え、労働賃金は平均三〇パーセント以上上昇、日給で技術者が一円三十銭、一般が七十から八十銭、動員学徒にさえ三十五銭の支給があったうえ、沖縄史上初の時間外手当が支給された（『国場組社史』）。しかも、木材などの建設資材が三倍に高騰し、農民は「飛行場モウキ」に殺到した。

小禄村は昭和初期の不況で財政破綻し、小学校も一時閉鎖されていたが復活し、離島からの出稼者の転入も相次いだ。

第4章

米軍政下で味わった贅沢

沖縄戦で本土上陸戦に及び腰になった米国

昭和二十年(一九四五)四月一日、米第五艦隊長官R・A・スプルーアンス海軍大将麾下《きか》の米第五十一機動部隊艦艇、および輸送艦約一千五百隻が沖縄本島を包囲するなか、上陸軍サイモン・B・バクナー陸軍中将指揮、米陸軍第二十四軍団約十八万人が沖縄に上陸した。

この八カ月前の昭和十九年八月から、大本営および内務省、沖縄第三十二軍司令部(昭和十九年三月設置)は、県民の疎開計画を実施した。対象は六十歳以上十五歳未満、合計二十九万人の三分の一、十万人で、目的地は九州および台湾である。延べ百八十七隻の船舶で約八万人が県外へ脱出(昭和二十年三月打ち切り)。さらに五万人が本島北部の山岳地帯へ軍車両や徒歩で疎開、最終的には約十三万人から十六万人が戦禍から免《まぬか》れることになった。

沖縄戦に備えての最大懸案事項は食料であった。沖縄県は平時でさえ本土からの移入に頼っており、本土からの移入物資の七割は米などの食料品であった。内務省と沖縄県は、県内疎開実施にあたって北部方面の人口が急増するため、昭和十九年十月八日、本島北部の本部《もとぶ》港に台湾から貨物船二隻で米三千六百トンを揚陸《ようりく》し、一部は南部地域にも搬送され、壕内に備蓄された（輸送船は十日に空爆を受け沈没）。

米軍は本島中部の嘉手納《かでな》海岸へ上陸すると同時に本島を南北に分断、南西諸島全域を米軍の占領地域として軍政を施行する旨、内外に宣言した。また昭和二十年四月二日、日本政府の憲法、あらゆる法令の適用を無効とした。

日本軍の主力（約十万人）は本島南部へ布陣し、持久戦の態勢を固めているため、米軍主力は南下しながら各地にキャンプを作り、住民を収容していった。

沖縄戦終了時、県下には十六地区のキャンプが設営されたが、住民は日本軍と分離され、戦傷または疾病《しっぺい》の治療を受けた。

米軍は十一月一日、実施予定の九州上陸作戦、「オリンピック作戦」のために沖縄を占領し、航空基地として使用することをすでに決定していた。四月九日には、県内七カ所に完成していた日本軍の全飛行場を制圧した。

大本営海軍部は硫黄島《いおうとう》（三月十七日玉砕）と沖縄を同時に防衛するのは不可能として沖縄作戦を主、硫黄島作戦を従とした。沖縄に戦艦「大和」（六万トン）を出撃させ、また航空機延べ八千五百八十六機を投入、陸軍航空部隊と共同して特攻機合計約一千六百五十一機を米艦隊へ突入させた（海軍約一千機、陸軍六百五十一機）。しかし、米軍のテクノロジーと物量には歯がたたなかった。「大和」は四月七日、南九州沖で三千三百三十二名の将兵と沖縄住民への救援物資を抱いて沈んだ。「愛楽園」資料には、「屋我地島海岸に、『中城湾行《なかぐすくわん》き』と印された戦艦『大和』所属の破損品が多数流れついた」と記されている。

六月六日、沖縄方面根拠地隊司令官・大田実《おおたみのる》海軍少将（兵力八千人）は本島南端から十キロ北方の小禄《おろく》（現在の那覇市）において、米軍に包囲されながらも、県民の戦闘協力を称える電文、「県民ニ対シ後世特別ノ御高配ヲ賜ワンコトヲ」を海軍次官にあて打電、その後、参謀とともに自決した。

六月十日、バクナー中将は、第三十二軍司令官・牛島満《うしじまみつる》陸軍中将あてに降伏を勧告するが、それから八日後、バクナー中将自身が日本兵の狙撃を受けて戦死する。また、最後の抵抗を試みた日本軍も六月二十三日、ついに牛島司令官、長勇《ちょういさむ》参謀長が沖縄本島南端の喜屋武岬《きゃんみさき》において自決、組織的戦闘は終了した。

牛島司令官も大本営への決別電で、「現地同胞の献身的協力の下に……」と県民の献身的戦闘協力に感謝している。事実、県民多数が砲弾運び、戦傷軍人護送等を積極的に手伝ったため、輜重《しちょう》部隊も戦闘に投入できたのである。

沖縄戦における戦死者は日本軍八万三千七百九十二名（軍属を含む）、米軍一万二千五百十名、その間、住民約八万五千人が犠牲となった。とくに、沖縄の今後を担うエリート、師範学校、および女子師範学校生徒以下、学徒二千百十二名が防衛隊、および特使看護婦として軍に従軍し、約一千人が戦死した。

米軍は当初、県民と日本軍を離反させるため、県出身の工作員を潜水艦で密かに送り込んだが、この工作に引っかかったのは本島中部の一村だけであった。また、沖縄戦は二〜三週間で終了すると予定していたが、その目測は脆《もろ》くも崩れ、予想の二倍を超える戦死者に加えて、二万六千二百十一人の発狂者（戦闘神経病患者）が発生し、当初目標の六倍の時間を要した。米軍は、軍、官、民が一丸となり、死をも恐れない敢闘精神に恐怖を覚えるようになっていた。

ヘンリー・L・スティムソン米陸軍長官は、最高戦争指導部会議において、沖縄戦と硫黄島の戦闘を引用し、「日本本土決戦に際しては、米軍将兵死傷者百万人以上、必要兵力五百万以上」と発言した。この結果、米国は本土上陸戦に及び腰になった。

わが国への無条件降伏の強要を断念し、昭和二十年七月二十六日、ポツダム宣言を発し、有条件降伏の受諾を勧告するという形式に変更した。これこそが天皇制の存続であった。

もう一つ、沖縄戦の意義は、国民と県民の紐帯《ちゆうたい》が強固になったことである。とくに沖縄女子師範学校生徒、第一高等女学校生徒で編成された「ひめゆり看護部隊」の活躍は昭和二十八年、映画「ひめゆりの搭」として全国に放映され、国民の胸を打った。これが沖縄返還運動の原点ともなっている。

感染症が初めて制圧された

一方、戦いが済んで、住民にとって想像だにしていないことが起こる。鬼畜米英と恐れられた米軍人が人道的に傷痍《しようい》軍人や被災住民を看護し、前線兵士たちまでもが携行している戦闘食を提供する光景であった。「毒が入っている」と恐れる婦女子へは自ら中身の一部を食べ、安全であることを強調する光景が各地で見られた。

ところで、沖縄は組織的戦闘が終了した昭和二十年六月二十四日以降、住民の衛生環境は最悪の状況に陥る。例年、この季節を境に梅雨が明けて灼熱《しゃくねつ》の太陽光が容赦なく降り注ぐ。住民は、戦闘による負傷と食料の欠乏で抵抗力を落としていた。そこへ種々の感染症が襲いかかった。

米軍は戦闘中、県下百六十カ所に戦時治療所を開設、米軍軍医と衛生兵が住民の治療にあたった。沖縄戦終結後からはこれらを整理統合し、三総合病院、五地区病院、九十三診療所を開設した。施設は、戦災を免れた国民学校校舎を利用した。診療費は無料で、米軍は当時、日本国内では稀少であったペニシリンをふんだんに使用した。

また、域内に孤児院や養老院も開設した。昭和二十年十一月時点で、域内十四カ所の孤児院と、また併設された養老院に、それぞれ七百五十七人の児童と四百七十人の高齢者が収容された。

戦前、沖縄の総合病床数は百十五床であったが、沖縄戦終結後の昭和二十年八月時点で、米軍が設立した住民向け病床は固定ベッドだけでも合計一千三百七十五床を数えた。さらに被災婦女子が多かったため、米国は本国から婦人科と小児科の医師を呼び寄せて治療に当たらせている。

米軍衛生班の調査記録によると、月平均の住民受診数は三万一千九百八十五件に達していた。一方、沖縄の民間医療は壊滅的な打撃を受けていた。一騎当千《いっきとうせん》の看護婦は戦前、百十八名存在したが六十八名が戦死、また地元医師百六十名中四十七人が戦死していた。とりわけ、若年医師や看護婦の喪失が多く、戦後沖縄医療の構築に大変なハンデとなった。

終戦直後の人口は、本島のみで三十三万四千四百二十九名、これに加え昭和二十一年八月十七日から外地からの引き上げが開始され、週あたり約四千人、最終合計十六万人の人口増となったのである。

二十二年六月まで米軍は、帰還者仮設住宅一万七千戸、ピラミッド型テント一万戸以上を建設して提供した。また戦闘中、県下各地に四散していた医師、または捕虜となった軍医を探し出して、住民の治療に当たらせた。

米軍は昭和二十年八月二十日、米軍軍政の住民諮問機関として「沖縄諮詢会《しじゅんかい》」を発足させた。これは、米軍政府への陳情と米軍からの諮問に対する答申、および住民自治機構「琉球政府」設立計画の立案機関となった。本機関は、志喜屋孝信《しきやこうしん》（元私立開南中学校長）を委員長として、公衆衛生部をはじめ十四部門に分かれた。メンバーは、戦前の県職員や県会議員が任命された。なお、米軍政府は昭和二十五年十二月二十五日、「琉球列島米国民政府」（USCAR）と改編改称された。

沖縄諮詢会社会事業部長の仲宗根源和《なかそねげんわ》は、米軍政府から住民一人あたり一日平均一千五百五十カロリーを基準とする食料支給を諮詢された（ただし、妊産婦二千二百カロリー、労働者二千五百カロリー）。また、婦人のメンス（月経）時に用いる脱脂綿の域内使用総量について諮問され、驚嘆している。仲宗根は戦前、共産主義運動を行なった人物であったが、米軍のこの行為によって親米家に転じていた。

昭和二十一年四月二十四日、諮詢委員会は発展解消して沖縄民政府が設立され（昭和二十七年四月一日、「琉球政府」に発展移行）、また四月二十四日からは新沖縄中央病院が越来村《ごえく》（現沖縄市）に設立され、本格的な住民用総合病院として運用が開始された。

昭和二十年八月二十六日、那覇港埠頭に中央倉庫群が完成、十二月二十二日までに各地区へ配給された住民用の援助物資総量は五トン半トラックで一千台分、ズック、被服、毛布、バケツ、洗面器、寝具等に至る生活必需品であった。とくに戦前、沖縄県民は裸足の生活を送っていたが、米軍によってズックが支給され、住民を欣喜《きんき》させていた。

一方、本島北部名護方面ではマラリアが猛威をふるっていた。これはマラリア蚊によって伝染するもので、罹患《りかん》すると四〇度以上の高熱を発し、体力如何《いかん》によっては死に至った。昭和二十一年には北部山間部で患者数十七万七千百三十三人を数え、死亡合計者は年間一千人に達した。

石垣島等の離島地区はさらに深刻であった。昭和二十八年、米軍が罹患患者への薬品投与により一時沈静化したが、食料難による栄養の不足と、台湾や沖縄本島からの保菌者の流入もあって昭和三十二年、石垣全島民三万一千六百七十一人中、罹患者は一万六千八百八十四人、死者は三千六百四十七人を数えた。一家全滅、廃村瀬戸際の村も発生した。このため、米軍は治療薬アタブリン百十万錠を住民に支給している。死亡率は当時の人口の実に二〇パーセントに達した。

戦前、内務省は大正十二年から、マラリア防遏《ぼうあつ》事業に乗り出してはいたが国力が伴わず、消極的防遏方法を講じるのみであった。貯水池や水田地帯に魚(タブノミー)を放し飼いしたり、流行地域付近のヤブ、灌木《かんぼく》の伐採という手段を講じることであった。このため、一向にマラリア防遏事業が効果を現さず、山間部や離島地域の振興開発は停滞していた。

昭和七年に制定された沖縄振興十五カ年計画も、この感染症防遏が課題とされていたのである。

昭和三十二年（一九五七）七月、米国民政府（ＵＳＣＡＲ）は、米極東軍第四〇六部隊医学実験室の昆虫学者、チャールズ・Ｍ・ウィラー博士を招聘《しょうへい》し、徹底撲滅に乗り出す。強力殺虫剤を空中と陸上から全島一斉に噴霧し、また発生源の水たまりや池にも薬品を投入した。この結果、五年が経過した昭和三十七年には、石垣島はおろか沖縄列島からマラリアの完全撲滅に成功し、有史以来初めて罹患者、死亡者ともゼロになった。

これと並行して、他の感染症も米軍統治下になって初めて制圧された。他の感染症の防遏状況も列挙する。米国民政府が創立した看護学校で公衆衛生看護婦（特定看護師）を育成し、プライマリー・ケアを確立したことが奏功《そうこう》したのである。プライマリー・ケアとは一次医療と言われ、わが国の医療制度の弱点の一つでもある。

この結果、戦前の沖縄県民の平均寿命は四十七歳であったが、沖縄返還の際には八十七歳という全国トップレベルの長寿を達成しており、平成十一年まで首位の座を維持し続けたのである。

一、結核

昭和十年、結核による死亡率（人口十万比）は本土の百九十人に対し、沖縄二百三十四人と、三府四十三県中、最悪の数字を示していた。ところが昭和二十五年の調査では、本土百四十六人に対し、沖縄は四十八人と逆転、激減している。

米国民政府による患者への栄養補給、抗生物質、新薬の投与、隔離病棟設置、公衆衛生看護婦による自宅療養支援が奏功した。

二、ハンセン病

昭和三十五年十一月には難波政士、滝沢正両医学博士が来島し、沖縄全土を調査したところ、八百名前後の在野患者がいることが判明した。このなかで、感染性の菌（L型）を保有していると診断された患者は全罹患者の二〇パーセント、百六十人と推定された。

米国民政府はこの百六十人に新薬プロミンを投与し、同時に一日三千カロリーの栄養補給を行ない、徹底治療した。この結果、ハンセン病撲滅に成功した。

三、腸内寄生虫

昭和三十二年以降、保健所が四年間にわたって調査したところ、住民全体のうち三五パーセントが寄生虫卵保持者で、二四パーセントが十二指腸虫保持者と判明した。

米国民政府は住民に豚便所の閉鎖を命じ、人肥の使用を禁止した。また、下剤治療薬等を寄生虫保持者に服用させたため、寄生虫保持者は急速に減少していった。

四、性病

沖縄は戦前から性道徳が乱れており、徴兵検査のたびに罹患者の多さが指摘されていた。昭和二十四年十二月十日、ＧＨＱ公衆衛生部長サムズ准将は、性病治療に抗生物質を無制限に供与すると発表した。その結果、昭和三十二年、男女合計で五千四百九十七人を数えていた性病患者が、昭和三十五年には二千三百七十一人に減少している。

米国民政府は市街を通行する性病罹患者を病院に拘禁《こうきん》し、完治するまで徹底治療している。

天皇メモで守られた日本の主権

第二次世界大戦が終了して束の間、東アジアはさらなる戦乱が発生しようとしていた。昭和二十年八月八日、ソ連軍は日ソ中立条約を一方的に破棄し、満州、北方領土に侵入した。ソ連は米国と対照的に、北方領土の邦人を日本本土へ強制送還するとともに旧軍人六十万人を抑留し（満州方面関東軍も含む）、シベリア開発に使役《しえき》していた。

一方、中国では共産党と国民党の内戦が拡大し、国民党は劣勢に立たされていった。国民党政府は翌年の昭和二十一年十月十八日、琉球がかつて朝貢していた史実を挙げて、沖縄の中国帰属を米国に要求していた。昭和二十二年二月二十八日、国民党軍は台湾に進駐し、日本復帰運動を先導した林宗義以下、知識人、住民合計約二万八千人を殺害している。昭和二十三年六月には国民党軍用機が石垣島の旧日本海軍飛行場に強行着陸し、米軍によって排除された。

わが国は、陸海軍が昭和二十年十二月に占領軍によって解体されており、国民は飢餓に苦しみ、また治安も乱れていた。

この年の十月、政治犯の釈放が行なわれ、出獄した徳田球一《とくだきゅういち》が間もなく、日本共産党書記長に就任した。

これと前後して「沖縄人連盟」が都内で結成され、「朝鮮人連盟との連帯」を呼号し、警察署を襲うなどの暴力破壊活動に荷担した。当時は「共産党に非《あら》ずんば人に非ず」という時流で、日本共産党の主導するこの組織に、いわゆるポツダムマルキストが合流し、最盛時には沖縄人連盟は七万人の会員を擁するまでに至った。連盟の会長に推された伊波普猷《いはふゆう》は、①沖縄独立②地割制の復活を主張した。

昭和天皇はこのような傾向を危惧された。顧問の寺崎英成《てらさきひでなり》をGHQ顧問のW・J・シーボルトに遣わされ、沖縄施策についてこう要望されている（昭和二十二年九月二十二日付、東京在合衆国対日政策顧問からの通信第一二九三号への同封文章、連合国最高司令官総司令部外交部作成）。

一、米国が沖縄その他の琉球諸島の軍事占領を継続するよう希望する。これは米国に役立ち、また日本に保護を与えることになる。

このような処置はソ連（本文ではロシアと表現されている）の脅威ばかりでな

く、占領終了後に右翼および左翼勢力が増大してソ連が日本に内政干渉する根拠に利用できるような「事件」を引き起こすことを恐れている日本国民の間でも、賛同を得るだろうと思っている。

二、沖縄（および必要とされる他の島々）に対する米国の軍事占領は、日本に主権を残したままで長期の租借、二十五年ないし五十年、あるいはそれ以上の擬制にもとづくものであると考えている。

三、このような占領方法（注・日本の潜在主権を残した統治）は、米国が琉球列島に対して永続的野心を持たないことを日本国民に納得させ、またこれにより他の諸国、とくにソ連と中国が同様の権利を要求するのを阻止するだろう。

昭和二十四年十月一日、中国共産党は内戦に勝利し、中華人民共和国の成立を宣言、翌年から近隣への侵略を開始した。

昭和二十五年六月二十五日、北朝鮮軍を支援して朝鮮戦争を起こし（本格的参戦は十月八日以降）、また昭和二十六年十月二十七日にはチベットのラサを占領、チベット人約百五十万人を虐殺した。中華人民共和国は戦後から今日に至るまで、十一回にわたって近隣諸国に戦争を仕掛け、しかも宣戦布告を一切行なっていないのである。

当時（昭和二十五年頃）の日本国内では、「中国人民解放軍が上陸して来る」という流言飛語《りゅうげんひご》が横行し、国民は不安な日々を過ごしていた。昭和二十九年九月三日には、中国軍が台湾侵攻を図って金門島《きんもんとう》へ砲撃を開始した。これは、沖縄を根拠地とする米軍に威嚇されて侵攻を断念した（第一次台湾危機）。

スターリンはわが国が降伏した翌日の八月十六日、トルーマン米大統領に対し、北海道の北東部分を占領する同意を求めてきた。トルーマンは八月十七日、全面拒否するとともに、米海兵隊第三海兵師団を米本国から呼び寄せて、北海道の帯広に駐屯させた。

昭和二十一年（一九四六）三月、冷戦の幕開けである。英国のチャーチル前首相は米国ミズーリ州フルトンで「鉄のカーテン」演説を行ない、反共連合の構築を提唱している。

ところが日本は完敗し、工業地帯は爆撃により破壊され、資源も枯渇し、昭和二十一年十二月には傾斜生産方式をとることを政府が発表した。資金や資材の供給を絶たれた中小企業の倒産が続出する。

一方、日本共産党は革命を企《くわだ》てる。ここで、共産党最高幹部徳田球一が主役を演じる。昭和二十年十月、第四回共産党大会で日本共産党書記長に就任した。そして「沖縄民族は少数民族であり、歴史的に搾取、収奪された民族である」と発言して、沖縄独立論を唱えた。また、翌年二月二十四日には日本共産党第五回大会で、徳田の提唱で「沖縄人民の独立を祝うメッセージ」を採択している。二十三年五月には、文化人の共産党入党が流行《はや》る。彼らは日本人を否定する言動を行ない、米軍を「解放軍」と礼賛《らいさん》していた。

沖縄でも、昭和二十二年六月十五日に仲宗根源和が、東京から帰郷した沖縄人連盟の山城善光《やましろぜんこう》らとともに琉球民主同盟を結成、「全琉球を統合する独立共和国の樹立」を掲げた。この結果、昭和二十二年六月二十八日、一連の動きに影響されたマッカーサー元帥までもが、「琉球人は日本人に非ず」と発言している。

ところが、件《くだん》の沖縄人連盟に「配給物資を横領している」という風評が起こってくる。また、指導権をめぐって内紛が頻発するようになった。伊波が二十二年八月に病没し、二十五年には徳田が中国へ逃亡したことから自然消滅した。

一方、沖縄本島には台湾国民党(国府)の脅威が迫る。昭和三十年三月二日には尖閣諸島付近で、青天白日旗《せいてんはくじつき》を掲げたジャンク船二隻が沖縄船籍漁船「第三清徳丸」を襲い、乗員九人のうち三人を射殺している。その後、国府は沖縄返還の日米交渉が進展するにつけ、沖縄、とりわけ尖閣諸島を実効支配するべく行動する。

昭和三十七年三月十三日、沈昌煥《ちんしょうかん》国民党外交部長（外相）が台湾議会で琉球に対する日本の潜在主権を否定し、「自由世界は琉球人民の独立の希望を実現するよう援助すべきである」と発言している。

昭和四十三年以降、尖閣諸島に国民党軍人がたびたび上陸し、青天白日旗を掲揚する事件を起こしている。四十五年、米国民政府は尖閣諸島に「不法上陸厳重取締り」の警告板を設置した。

また蔣介石は、昭和四十七年の沖縄復帰後も県内識者に書簡を送り、「独立」を勧めていたのである。昭和三十三年十一月、沖縄では国府の支援の下に大宜味朝徳《おおぎみちょうとく》、蔡璋《さいしょう》（日本名、喜友名嗣正《きゆなつぐまさ》）らを中心とする琉球国民党が結成されており、台湾との連携の下に沖縄独立を画策する。

このように、沖縄をとりまく環境は天皇が心配されたように、米軍の存在がなければかなり流動的なものとなっていたことであろう。

戦前とは比類できないほど繁栄する沖縄経済

終戦直後の沖縄民衆はどうしていたであろうか。

サンフランシスコ講和条約調印まで、沖縄は軍事占領下に置かれた。ただし、米軍は昭和二十四年（一九四九）五月までは沖縄を主に軍需物資の集積所としてのみ使用した。戦略的基地建設はそれ以降のことである。住民は二十一年四月、収容所から解放されて旧居住地域へ復帰、行政機構も復活する。同時に、米軍は各地の小中学校校舎を復旧、軍需物資を教材に提供して約三万人の児童への教育を再開させた。

一方、米軍は沖縄の医療危機に対処すべく、昭和二十一年五月一日には看護学校を創立、域内高校から優秀な女子人材を集めて、スーパー・ナースの育成を目指した。指導は米軍看護顧問官があたり、生還した軍医や、ひめゆり部隊の生き残りの赤十字看護婦がこれに従った。

医師不足に対処するため、昭和二十四年五月から地元の青年二十四人を選抜し、就学資金を提供して日本本土の医学部に学ばせた。その後、二十七年までに合計百二十名の医師を育成する（昭和三十五年には域内の医師数は三百十四名となり、戦前を七二パーセント上回る）。この制度は国費留学生制度として日本政府に引き継がれ、昭和五十五年までに計一千百三十七名の医師、歯科医を育成したのである。昭和二十四年五月、国費医学生留学制度を創設した米軍政府公衆衛生福祉部長ウィリアム・スミス軍医が転出することになった。このとき、住民から転勤引き留め運動が起きている。

こうして当時、超大国米国の沖縄統治は、県民の意識に少なからぬ影響を与えていったのである。域内では「戦前の日本統治ではこうはできなかった」というフレーズが流行った。

昭和四十一年、米国民政府は米国式医師養成システムを沖縄に定着させるべく、六百万ドルの巨費を投じて中部病院を建設し、ハワイ大学医学部から米国人教授、看護士を招聘《しょうへい》して、アングロ・アメリカ式医師インターン・システムを定着させた。これは現在も特例で存続しており、医学部卒業者に救急医療を含めあらゆる診療科を実習させるというもので、全国的に高い評価を得ている。例年、五倍以上の競争率で、本土医学部新卒者の入学希望者が殺到しているのだ。

通貨経済も復活する。米軍が無償で配給していた生活物資は昭和二十一年六月五日には有償に変わり、軍従業員および公務員に給与が支払われるようになった（B型軍票で月給平均三百B円、最高で一千五百B円）。また、昭和二十一年十一月からは、本土から木材等の復興資材を積んだ日本船の入港も開始された。今風にいうと、沖縄—本土間に人、物、金の動きが復活したことになる。

米軍政府は、ここで独自の通貨政策を実施した。

本土では昭和二十年から二十五年にかけて日銀券の発行高が約七・六倍、五百五十四億円から四千二百二十億円へ拡大、小売物価指数も三・一から二三九・一を越え、ハイパー・インフレが起こっていた。

そこで米軍政府はこの伝播《でんぱ》を阻止すべく、二十三年に域内の通貨をB型軍票（B円）に統一したのである。基準は一ドル＝百二十B円、日本円対ドルレート、一ドル＝三百六十円に比べて三倍高に設定した。資源もなく、戦前より本土からの移入偏重の沖縄にとって、インフレ抑止が最大の課題であったのだ。

なお、この総量は米軍政府の保有するガリオア・ドル資金に連動したため、域内の物価は本土に比べて極めて安定していた。そして昭和三十三年から本土復帰まで、域内通貨は米ドルへ統一された。こうして形成された沖縄経済は、戦前とは比類できないほど繁栄する。

沖縄住民の平均所得（賃金所得）は本土平均の約五七パーセント、九百七ドルと、全国最下位から二番目ぐらいで推移したが、米国統治下の沖縄は、渦中のＴＰＰ（環太平洋戦略的経済連携協定）の類似の経済政策が実施されており、米、肉等の食料品が非課税で輸入された。このため、物価は本土市価より三割から五割の安価で推移した。

一方、日本政府は沖縄産の砂糖、パイナップル等を国際価格の三倍以上で買い上げる特例を設定した。沖縄住民はこれらの収穫時には台湾、韓国からの季節労働者を雇い入れた。

沖縄を訪れる日本人観光客は、米国産牛肉をはじめ米国製のチョコレートやコーヒーを競って買い求めていたのである。

昭和二十一年頃から、沖縄に寄港する日本船の船員を通じて黒糖の売買が始まる。本土では食糧難で甘味料が不足していたため戦前、人気が低迷した黒糖もヤミで高く売れた。幸い、本島中北部および離島の多くは戦災を免れ、サトウキビ畑や水田は残されていた。農民はリュックに黒糖や青バナナを入れて手製の小舟で日本船に近づき、物を売った。

ところが、それでは利幅が小さい。住民が着目したのは、米軍の高度な軍需物資や医薬品を失敬して、台湾や日本本土へ密輸出するベンチャービジネスであった。戦時中、海軍で航海科にいた者や糸満漁民がナビゲーターになり、小舟を操って南は台湾、香港、北は兵庫の明石港まで密貿易を行なうようになる。住民は、米軍施設内からの窃盗を「戦果」と称して半ば英雄視し、警察も見て見ぬふりをしていた。中国朝貢以前の琉球人の魂が甦《よみがえ》ったといえよう。

密貿易で最もリスクが少ないのは、日本船の船員に地元の米軍港湾荷役労働者が米国製の薬品、サルファダイアジンやペニシリンを売ることであった。とくに、性病特効薬サルファダイアジンは米軍施設の医務室の棚に無造作に多数置かれており、地元の看護婦が管理していた。このため、彼女たちの機嫌さえとればいくらでも持ち出せたのだ。日本船のクルーはこの一ビンを荷役労働者から日本円で三千円から六千円で購入し、本土で一万八千円前後で売却している（昭和二十一年当時、本土では小学校教員の初任給が三百円から五百円である）。

次に住民が直接行なったのは、小型船舶による資材の密貿易だ。これは遙かに利幅が大きかった。当初は、与那国島へ沖縄から米軍人用の衣類、米国製の毛布、タバコ、石油、ガソリン、薬品が運ばれた。なかには米軍のトラックもあった。分解して搬入したのだ。台湾からは米、砂糖、茶、果物等が取り引きされ、その物資はまっすぐ北上して日本本土で売却されるケースが多かった。

昭和二十年代、沖縄は米軍援助物資で溢れていた。住民が野球大会を実施することがあったが、ラインを引く石灰が不足したため、小麦粉を代用に使用していたのである。

西側諸国の対日政策が転換する

ではこのとき、国民の生活はどうであったろうか。

昭和二十二年二月には、買い出し客で満員の夜行列車が八高線高麗川《こまがわ》駅付近で脱線転覆、百七十名死亡、八百人が重軽傷を負う事故が発生。その他、全国各地で列車内でヤミ買いの手入れがあり、これを逃れようと走行中の列車から乗客が飛び降り、車輪に巻き込まれて死亡するという惨事が頻発していた。昭和二十二年十月十一日には、東京地裁の山口良忠《やまぐちよしただ》判事が闇米買いを拒否、栄養失調で死亡している。

わが国はこの頃、実に不運だった。自然災害も相次いだ。昭和二十二年九月十四日、カスリン台風が関東を襲い、死者行方不明者一千八百三十名。翌年六月には福井で大地震、死者三千八百九十五人を数え、さらに二十四年八月にはキティ台風が関東上陸。死者行方不明者百三十五人、都内の床上浸水家屋十四万戸を数えた。加えて労働争議も頻発した。

昭和二十四年三月、GHQ経済顧問のドッジ公使が「日本経済は米国の経済援助と国内の企業補助金を二本の足とする竹馬経済」と批判、超緊縮予算の実施を迫った。

ここでまた社会が混乱する。この年、公務員、企業の大量リストラが始まる。七月には国鉄が第一次人員整理、三万七百人を発表した。ところがその二日後、新国鉄初代総裁下山定則《しもやまさだのり》が轢死体《れきしたい》で発見された。さらにその九日後、三鷹事件等が発生する。北関東、東北地方では生活が困窮し、少年少女の人身売買事件が続出していた。当時、沖縄では、日本の復興は不可能であろうと囁《ささや》かれていた。

昭和二十二年七月四日、政府は第一次経済実相報告書(経済白書)を国会に提出、「国家財政も企業も国民の家計もすべて赤字」と経済危機を各論にわたって強調していたのだ。

昭和二十四年、日本にとって、また沖縄にとって一大転機が起こる。九月二十三日、ソ連が原爆実験に成功、米国の原爆独占時代は終焉《しゅうえん》する。十月一日には、中国大陸に中華人民共和国が設立された。

この年、米国は沖縄を戦略基地として運用することを決定する。米大統領は七月一日に米国議会に沖縄米軍施設費七千万ドルを計上、翌年三月から本格的な基地建設に乗りだした。

翌昭和二十五年六月二十五日、朝鮮戦争が勃発。米軍が接収した旧日本軍の航空基地からＢ29爆撃機と護衛戦闘機が次々と発進していった。沖縄の地政学的有用性は、遺憾なく発揮された。

ここで、米国を中心とする西側諸国の対日政策が転換する。日本非武装化政策（昭和二十三年二月十二日、米国政府極東委員会採択）は撤回され、二十四年七月には日本に「不敗の反共防壁」を構築するというマッカーサー声明が発せられた。同時に、朝鮮戦争特需は破滅寸前の日本経済を蘇生（神武景気）させ、さらに二十六年九月のサンフランシスコ講和会議で早期に独立を達成することになる。以降、わが国は世界が驚嘆する経済復興を成し遂げる。

一方、沖縄の統治策については米国政府部内で国務、国防両省の意見が対立する。国防省は戦略信託統治を主張し、潜在主権についても否定的であった。しかし、国務省は天皇のご意見を引用し、日本の潜在主権を残した一般信託統治を主張したのだ。結局、国務省案が採択され、沖縄は昭和二十六年九月四日、サンフランシスコ講和会議において、対日平和条約第三条によって、将来、国連信託統治に編入されることを含みとした米国の信託統治下（施政権下）に置かれた。

以降、住民が海外渡航する際は、米国政府発行のパスポートが使用された。米国内でもグリーン・カード制度の条件が沖縄住民に緩和され、米本土の主要都市には「沖縄人会」の小社会が出現していた。

米国のダレス全権はサンフランシスコ講和会議において、「日本に（沖縄の）潜在主権を保有することを許す」と演説し、吉田茂全権は「世界、とくにアジアの平和と安全が速やかに確立され、これらの諸島が一日も早く、日本国の行政下に戻ることを期待する」と謝意を表明している。以降、日米首脳会談において、日本側は絶えず米国に対し、沖縄に関する潜在主権の存在を確認していったのである。

ところで、沖縄住民は講和条約に反発しなかった。いまや反米反日のキャンペーンを展開する『琉球新報』は、講和条約に祝意を表して「うるま新報」（米軍設立）から社名を変更しているのである。

講和条約調印と同時に日米安全保障条約が調印され、沖縄では昭和二十九年（一九五四）から本格的な基地建設が始まる（第一次基地建設ブーム、約二億七千万ドル）。

米軍のプレゼンスで本土と対等

米軍基地建設の際、国際入札には日本のゼネコンの参加が認められた。大林組などの大手ゼネコンは、米国企業と競いながら続々落札した。工事代金はドルで支払われるため、わが国の外貨獲得に大いに寄与することとなった。

ちなみに昭和三十年、日本のドル収入は年間で米国から四億六千万ドル、次いで沖縄より五千万ドルとなっている。沖縄分は現地部隊発注の民需用品代金が主であった。沖縄住民の生活必需品の七割は日本本土に依存していたため、復帰までその移入量は年々増加し、昭和四十年代になると、本土は沖縄から毎年二億から四億ドルを受けとることになる。

ところが、日本ゼネコンにとって頭痛の種があった。米軍から貸与された米国製重機類のオペレーターがいないことだった。米軍の機械化工法とマネージメントは、従来のツルハシ、モッコなどの家内工業的日本型工法とは隔世《かくせい》の感があった。そこで、地元出身のオペレーターや英会話のできる移民二世は日本本土のゼネコンよりひっぱりだことなり、毎夜、業者間でスカウト合戦が展開された(これらのスタッフは、のちに黒部ダム建設工事でも活躍した)。

また米軍は、基地機能を円滑に維持するための人材確保にあたる。軍従業員の給与を、琉球政府公務員の給与の三倍から五倍の水準に設定した。このため、昭和二十五年には公務員から農民に至るまで、約一万四千人が米軍従業員募集の窓口に殺到している。そして、米軍従業員の数はピークで四万一千人を数え、基地から放出される四百億円以上の貿易外収入は沖縄経済を一挙に繁栄させた。人口も確実に増加し、昭和三十一年現在で約八十万人、戦前ピークの三五パーセントを上回り、人口増加率二・六五パーセントは全国一を記録した。

昭和二十八年六月、米国民政府は、沖縄戦で生じた破壊された米軍兵器などのスクラップ所有権を琉球政府へ譲渡した。昭和三十一年までに約二十万トン、四百五十二万ドルが日本本土に輸出され、琉球政府の歳入の五〇パーセント以上を占めていた。当時、住民は山野に総出でスクラップの収集にかかった。なかには、人家の鉄製の門柱さえ失敬する者もいた。

このスクラップ輸出の結果、三十一年三月末時点で、域内金融機関の預金量合計が二年前の約三倍、三億三千六百二十八万三千B円（二百五十八万七千五百六十ドル）、貸出合計は四倍の二億八千三百六十万B円（百二十八万一千五百三十八ドル）を記録している。

三十一年四月三日の『琉球新報』「これは勿体ない」の欄に、「庶民には縁のないビル、内部は空室でガラン洞」というタイトルで、沖縄都市地区におけるビル建設ラッシュが話題になっている。銀行が金余りになった結果、不動産投資を助長したのだ。

そしてこの年の四月、域内相互銀行五行の法定外大口融資が頻発《ひんぱつ》、琉球政府は警告を発している。

ここで、沖縄の行政機構について述べておこう。サンフランシスコ講和条約は昭和二十七年四月二十八日に発効する。このため、米国民政府は同年三月二十九日に琉球政府を設立、南西諸島の行政を担当させる（昭和四十七年五月十五日、沖縄県庁に改称）。

また三月二日には、第一回立法院議員選挙が行なわれた（現在の県議会、定員二十九名、うち八名が奄美《あまみ》出身者）。ちなみに、奄美の日本復帰によって、二十八年十二月には奄美出身者は外国人登録が要求され、八名の立法院議員や行政府の要職にあった者が琉球政府より解任されている。

沖縄返還まで立法は琉球立法院が、行政は琉球政府行政主席が、司法は昭和二十七年七月に設立された治安裁判所、巡回裁判所、上訴裁判所によって構成される琉球民裁判所制度に依った。この時、沖縄はすでに陪審員制度が実施されている。なお、主席は米国大統領のように、立法院に対して拒否権が行使できた。

昭和三十二年六月五日、GHQの解体に伴い、アイゼンハワー大統領は沖縄統治に関する行政命令を発し、琉球政府の自治権を拡大する。地方自治に関しては、昭和二十三年七月に市町村制を施行するが、昭和二十年九月に戦後第一回目の市会議員および市長選挙を実施しており、とりわけ女性の参政権の施行は本土より六カ月早く実施された。

一方、金融および通貨制度も確立され、昭和二十三年五月、中央銀行として全株式の五一パーセントを米軍が保有する「琉球銀行」が設立された。米国の連邦準備制度を基本にフィリピン中央銀行をモデルにしており、米国民政府資金の預託機能や一般銀行業務、中央銀行業務を行なった。

昭和二十七年、沖縄本島を南北に縦断する幹線道路一号線（いまの国道五十八号線）を施工、沖縄史上初の幅員五十メートル、全線アスファルト舗装の道路である。戦前、幅員約五メートル前後で未舗装の道路しか経験のない住民は当初、驚嘆し、巨大滑走路ができたと思ったほどであったという。また、二十八年四月には牧港《まきみなと》火力発電所が竣工、出力四万六千キロワットの送電を開始した。発電量は一挙に戦前の十倍に達した。

二十五年五月には、沖縄史上初の大学、琉球大学が設立された。ミシガン州立大学を協力支援校として、復帰までに一万四百二名の地元青年男女に大学教育を行なった。米軍の統治は、わが国が七十一年かけてできなかった開発振興を、わずか二十七年で成就したことになる。沖縄戦とそれに続く米軍統治は、まさにスクラップ・アンド・ビルドだったといえよう。戦前沖縄社会の発展を阻害した地割制の掟、集落単位の排他的閉鎖社会の概念は、米軍による強制移動の結果、消滅した。

米国はまた、昭和二十三年からはガリオア・フルブライト資金をもって沖縄出身者を優先的に米国へ留学させ、四十五年までに一千八百十九名を米国の大学で学ばせた。ちなみに、本土で適用を受けた者は六千百七十二名で、沖縄出身者は総数の約二割を占めた。彼らは渡米時、軍用の船舶や航空機を使用しているが、その際、将校待遇を受けている。

さらに昭和二十六年から、域内五カ所に琉米親善文化センターが設立される。同センターには三百名収容のホール、図書館、視聴覚ライブラリーなどが設置され、米軍人軍属のボランティアと寄付で、復帰まで運営された。住民はここで、戦前にはまったく見聞しなかったダンスやクラシック音楽、ジャズ音楽に接することになる。

ここで、米軍と友好関係を醸成することによって発展する市町村が出現する。昭和二十三年、小禄村《おろくそん》（昭和二十九年、那覇市に合併）村長長嶺秋夫は、村内にあった米軍廃棄物処理場の管理権の譲渡に成功し、リサイクル可能物資を民間および域内市町村に落札販売した。その結果、村民税の無料化、および村役場建設に成功する。当時、米軍は食料品の缶詰など、表面にわずかな傷がついているものでも廃棄したのである。

昭和三十一年六月、芦田均自民党外務委員長はこの米軍統治を評価して、「沖縄住民はかつて麻袋をまとい、裸足で歩いていたが、いまでは洋服と靴の生活に直り、村に舗装道路ができ、小学校も立派になったのは、アメリカの力だ」と発言、「米国のおかげで沖縄住民の生活は向上した。日本の統治ではこうはいかなかっただろう」とも発言している。

ドルの雨が降る

昭和三十年から、沖縄は米海兵隊移駐に伴う第二次基地建設ブームが起こる（建設費用約四千二百万ドル）。わが国は昭和二十七年に独立を回復したことにより、在日米軍の作戦行動は日米両国政府による事前協議の対象となった。このため、海兵隊は米軍政下の沖縄に駐留したほうが日米両国にとって有益であったのである。この際、従来の定説では「島ぐるみ闘争」といわれる基地建設反対闘争が生起し、住民一丸となって反対したかのように表現されているが、事実はまったく異なる。

わが国が独立して五年後の昭和三十二年六月、岸首相は訪米し、

一、沖縄の潜在主権の確認

二、日本本土からの米地上軍の撤退
三、安保条約検討の日米安保委員会の設置

など三項目を要請し、昭和三十五年の安保改定に向けての準備にかかる。なお、第一回安保改定の問題点は、独立国としての自主権の回復が主眼であり、内容は以下のとおりである。

一、米国の日本防衛義務規定の明確化
二、米軍による在日米軍基地の使用、核兵器を含む配備、装備の事前協議制の設定
三、米軍による日本国内内乱発生時の鎮圧規定の廃止
四、同条約と国連憲章五十一条約との関係明確化
五、同条約の期限、および改案の手続規定の明文化

この年の八月、在日米軍司令部は、日本本土からの米地上軍の撤退開始を発表、三十三年二月には完了する。この結果、昭和三十二年現在で使用中の沖縄の米軍用地四

万二千九百五十三エーカーに加え、第三海兵師団の移駐でさらに約四万エーカーの土地(丘陵地帯を含む、平地は一万二千エーカー)が必要となり、住民とその借地料と支払い方法をめぐって係争が起こった。

本土では昭和二十八年に映画「ひめゆりの塔」がヒットしており、沖縄戦で県民が見せた帝国陸海軍への献身的な協力に、国民はいやが上にも沖縄問題に関心をもつようになっていた。一方、安保改定問題に対し、米軍部は否定的な対応をとる。このため、昭和三十二年二月に着任したダグラス・マッカーサー二世大使は、「旧安保条約の存続を許せば、日本の反米感情を刺激する」として米軍部を説得していた。

岸首相は、沖縄返還への国民世論の高まりと安保改定への国民的合意の醸成という相反する事象に直面していた。昭和三十一年から三十七年までに、国会における沖縄返還決議は四回を数えていた。

では、昭和三十年代の冷戦の実態はどうであったのか。

中国共産党は、すでに昭和二十八年発行の教科書「現代中国簡史」に沖縄、台湾を自国領と明記している。

昭和三十年七月、世界の著名な学者がロンドンに集まり、核戦争勃発の危機に警告を発していた。昭和三十二年八月、ソ連はＩＣＢＭ（大陸間弾道弾）の発射実験に成功しており、米国はこれに約三カ月、遅れをとった。加えて、十月にはソ連が人工衛星スプートニク一号の打ち上げに成功、信号を発しながら米国上空を通過するや、米国民はパニック状態に陥り、学校では空襲避難訓練まで実施されたのだ。

米ソは熾烈《しれつ》な軍拡競争下にあった。昭和三十二年二月、ソ連国防省機関紙「クラスヤ・ズベズタ」は、「沖縄は米国の原爆基地」と論評しており、沖縄米軍基地は中ソに対し大きな抑止力となっていた。同年十月、第三海兵師団司令部は、沖縄本島に敵軍侵攻の際の地上戦想定マニュアルを作成、戦術核の使用を含めた広範な作戦計画を立案している。

では、当時の沖縄の民衆はどうしていたのだろうか、昭和二十八年七月、朝鮮戦争は休戦し、灯火管制《とうかかんせい》も終了、住民にも安堵の色が見えた。

ところで、米海兵隊の沖縄移駐に関し、当時の地元紙はこれを歓迎するような好意的な記事を掲載しており、住民の間でも「米琉親善」が盛んに唱えられていた時代でもあった。

昭和三十二年六月、離島地区の小中学校では破傷風による死亡が相次いだ。この話を聞いた嘉手納空軍基地婦人クラブ所属のミセス・ブラックは、司令官を動かし、離島地区に米軍医療チームを派遣させている。離島の住民はこの行為に感涙した。

昭和二十九年一月七日、アイゼンハワー米大統領は沖縄基地の無期限保持を表明。在沖米軍は、三月には海兵隊用地としての軍用地新規接収予定を発表する。しかし、ここで地代の一括払いによる軍用地の永代借地権を設定すると発表したのだ（プライス勧告）。ちなみに、琉球民政長官兼GHQ総司令官はその三年前、戦前の沖縄での融資業務を行なった経験をもつ勧業銀行の関係者を沖縄へ招請し、土地評価を行なわせた。地代を戦前の沖縄の農業生産高をベースに収益還元法で算出、土地評価価格の六パーセントに地料を設定した。このとき、接収用地の地目《ちもく》は四割が農地、五割が山林などの雑種地であった。

これを一括払いによる限定付土地保有、すなわち米軍が使用権を放棄するまで半永久的に保有すると発表したのである。

米軍提示の地料は、那覇地区で坪一千五百六十二B円、中部地区では坪百七十三B円五十六銭とされた。

ところが、当時は土地バブルで、那覇地区商業地域の時価は坪約二万B円、その他の地区（那覇市内）でも六千B円から一万B円をつけていたのだ。戦前、那覇の市街地でさえ坪一銭でも買い手がつかなかったものの、戦後の地価は米軍による振興政策の効果と人口増加により、空前の地価上昇を招いていたのだ。地主は、米軍提示価格を不服とし、用途変更に伴う損害補償、および移住補償費の加算を要求した。しかし、地主の間にこの受け入れをめぐって意見が対立するようになる。

一方、琉球立法院は昭和二十九年四月三十日、次の四項目を全会一致で可決し、在沖米軍の新規接収に反対を表明した。いわゆる「四原則」である。

一、米軍用地借料の一括払い反対
二、地料引き上げ
三、用途変更による被害賠償
四、新規接収反対

しかし、米軍は土地の強制接収に乗り出した。米国は昭和三十年一月、南ベトナム、カンボジア、ラオスなど旧仏領印度支那三カ国に軍事援助を開始しており、もはや基地建設の停滞は許されなかった。

この年の三月に米軍は、海兵隊用地として本島中部の伊佐浜地区の強制接収をはじめる。面積十三万坪の農地と三十二世帯が消滅した。このときは、まさに「銃剣とブルドーザー」と比喩される手荒いもので、警察でも「米軍からの出動要請が来たら辞表を提出する」という警官が少なくなかったという。現在、同地区は米海兵隊キャンプ・フォスターの名で補給基地として使用されている。

対照的に本島北部では、各地で米軍基地誘致運動が生起していた。現在、普天間飛行場移設予定先として取り沙汰される辺野古地区（当時は久志村《くしそん》、現在の名護市）と金武村がその代表である。久志村にいたっては比嘉敬浩村長が昭和三十一年以降、村議全員の署名をもって、当時の民政長官レムニッツァー陸軍中将に三度にわたって陳情を繰り返し、ようやく採択されている。契約地面積は七十八万坪に及んだ。これに接する金武村も海兵隊誘致運動を展開し、また採択された。前者は現在「キャンプ・シュワブ」、後者は「キャンプ・ハンセン」として継続使用されている。

ところが、那覇などの都市地区では教職員や沖縄人民党（昭和二十二年結党、昭和四十八年日本共産党へ合流）を中心に、四原則貫徹運動が起きる。立法院は満場一致で可決したとはいうものの、各政党は次第に意見が対立し、受け入れ派と反対派に分裂して侃々諤々《かんかんがくがく》の闘争が起こり、地主会も同様に意見が分裂して、総会はコップの投げ合いまで演ずる修羅場となった。

昭和三十四年十月、この久志村にキャンプ・シュワブが完成したとき、村では祝いの祭が行なわれ、村長は「第二のコザ市をめざす」と発言し、村民の喝采《かっさい》を受けた。当時、沖縄中部のコザ市（現沖縄市）は米空軍嘉手納基地に隣接し、米軍将兵相手の歓楽街として不夜城のごとく好況に沸いていたのである。戦前、当地は越来村《ごえくむら》と呼ばれ、人口は七千五百人であったが基地ができた結果、雇用が発生し、人口は一挙に三万人を超えていたのである。

地元紙をはじめ全国紙は、伊佐浜の土地闘争は報道したものの、久志、金武両村に関する報道は一切行なわなかった。

本土では自民党がこの沖縄の混乱に焦燥し、元駐米大使で自民党沖縄問題対策特別委員長の参議院議員野村吉三郎《きちさぶろう》（元海軍大将）が米国政府および軍部に善処を申し出ていたのである。昭和三十三年七月三十日、土地闘争が起きて四年三カ月ののち、沖縄統治権者高等弁務官ドナルド・P・ブース陸軍中将は、「地代一括払い取り止め」の発表を行なう。同時に、以下二項目を表明した。

一、軍用地料は昭和三十一年提示の六倍引き上げ
二、借料は原則毎年払い（希望者は十年分の前払い）

この間、本土では昭和三十一年七月四日には都内で超党派の国民集会が催され、「沖縄問題解決を政府に要求する」ことが決議された。七月八日には参院選があり、各党ともこの問題をとりあげ、得票に結びつけようとしていたのである。

ところで、沖縄域内では土地闘争の期間中、米国民政府を焦燥させることが起こった。

昭和三十一年十二月、那覇市長に沖縄人民党書記長の瀬長亀次郎《せながかめじろう》が当選したのだ。瀬長は二十九年十月、犯人隠匿《いんとく》の罪で沖縄刑務所に収監されたことがある。その際、十一月と十二月に刑務所内で大規模な暴動を起こしており、三十一年四月の出所の際にも、「出所祝い」と称して市民五千人が参加していた。

この年の十二月二日には、キューバでカストロ率いる革命派が蜂起《ほうき》しており、翌三

十二年四月にエドワード・モーア民政副長官が琉球立法院へメッセージを送り、防共法の制定を勧告しているのだ。

米国民政府としては、なんとしても瀬長をリコールしたかった。このため、市町村自治法を布令で改正し、市長リコールの条件を出席議員の三分の二以上から過半数に改め、破廉恥罪を犯した者の被選挙権を無効とした。この結果、三十二年十一月に、那覇市議会が十七対〇で瀬長市長の不信任案を可決、瀬長は市長をリコールされた。ところが、このとき住民の世論も二分される。

昭和三十一年十二月二十八日には那覇市役所部課長全員が、「共産党市長には協力できない」と辞表提出、翌日には沖縄財界三千人が瀬長亀次郎に非協力声明を発表した。これに対し、人民党と沖縄教職員会が瀬長支持を表明した。そして、昭和三十二年七月に人民党、教職員会が中核となって民主主義擁護連絡協議会、いわゆる民連が結成された。趣旨は権力と金力の排除、祖国復帰、四原則貫徹である。

沖縄は昭和三十年代前半からイデオロギー論争に明け暮れ、戦前のように労働争議も頻発し、住民は生産性の拡大よりもいたずらに政治闘争に終始した。この頃、本土では国民の懸命の努力により経済復興がなされており、昭和三十一年七月十七日、経済白書は「もはや戦後ではない」と規定している。対照的に、沖縄は廃藩置県直後のような非統制社会に陥っていた。昭和三十一年、住民による凶悪犯罪発生率が本土平均をはるかに上回っており、とくに殺人、婦女暴行等が目立っていた。

一方、昭和三十三年から土地問題が解決した結果、約五万七千人の地主に総計二千四百六万ドルの地代が支払われた。地主一人あたり年間平均四百二十五ドルの地代を受け取ることになる（当時、六百ドルあれば平均的住宅が建設できた）。加えて、多くの地主が基地従業員として就職しており、一人あたりの受取額は優に五百ドルを越えた。ちなみに三十九年四月現在、わが国の海外渡航時の持出限度額が五百ドルであったことから、ドル受取の相対的価値が理解できよう。

このため、三十三年琉球政府会計年度（米国式、昭和三十三年七月より三十四年六月まで）は、経済成長率五・九パーセントを記録、地主のなかには東京の不動産に投資する者が続出した。昭和三十三年九月、沖縄域内の通貨はＢ型軍票から米ドルに統一されており、当時の実勢レートは一ドル三百六十円から四百円というドル高であったため、これを背景に沖縄の消費性向はさらに上昇していく。基地周辺の米兵相手の風俗店は繁盛し、ウエイトレス二〜三人の小規模の店でも、一晩の売り上げは二千ドルに達していた。チップを払わない日本人観光客は敬遠され、「日本人お断り」の立て看板を掲示する店も現れた。

ところで、地主にとってここで二重の幸運が訪れた。米軍政府は昭和二十五年四月、特別布告三十六号「土地所有権証明」を公布していたが、あくまでも自主申告制であったため、多くの地主が所有面積の数倍を申告していたのである。なかには土地を所有していなかったにもかかわらず、虚偽の申告をしている者も少なくなかったのである。皮肉にも沖縄戦時、域内のすべての土地台帳が消失していた。戦前沖縄の農地の七〇パーセント以上に抵当権が設定されていたが、これでデフォルトになったのである。

ケネディ大統領の「沖縄新政策」声明

新安保条約は昭和三十五年六月二十三日の批准書交換後、発効した。いまの普天間基地県内移設問題とは対照的に、沖縄が示した親米姿勢に日米関係は大いに救われた。昭和三十五年八月五日、第三代琉球政府行政府主席大田政作は、帝国ホテルで盛大なカクテルパーティを開催する。大田の著書『悲運の島沖縄』にはこう記されている。

「帝国ホテルに池田総理はじめ各閣僚や政財界の要人、アメリカ大使（正確にはマッカーサー大使代理）ほか諸外国の使臣、各省の高官、マスコミ界の幹部、在京沖縄県人の長老など約三百名を招待して、沖縄の実情や要望を説明した。

県人の長老の東恩納寛惇《ひがしおんなかんじゅん》氏（元拓殖大学教授）は、『琉球開びゃく以来の盛事なり』と感涙した」

この頃、本土では沖縄と対照的に反米感情が高まっていた。六月十九日の安保改定に向けて、阻止闘争は熾烈を極めたし、とりわけ、六月十日に発生したハガチー事件とアイゼンハワーの日本訪問中止は、日米友好を目指す日本政界に衝撃を与えていた。一方、米国は反米運動が沖縄に波及することを恐れた。

ちなみに、六月十九日には大統領は沖縄を訪問しており、大田主席とオープンカーで嘉手納基地から那覇の琉球政府庁舎までの二十二キロをパレードしている。住民は沿道に出て星条旗（一部、日の丸）を振って歓迎しており、抗議活動は那覇市において人民党党員や教職員会、琉球大学学生などのわずかな左翼が結集したぐらいであった。大統領は沖縄住民の歓迎に、極めて機嫌を良くしていたという。

七月七日には、米上院がプライス法を制定。沖縄統治を円滑に進めるため、最高六百万ドルの年間予算を高等弁務官の決済権限として付与した。十一月には、米国貿易収支の悪化に伴い、アイゼンハワー大統領はドル防衛策を発表するが、十二月十五日には米国務長官が「ドル防衛策の沖縄への適用除外」を発表していた。この年、沖縄本島は無電灯地域が解消され、また米軍によって水道施設も全島に完備した。経済成長率も一五・二パーセントを記録、地元財界に復帰反対、現状維持を望む声が強かった。

ところが、この頃から沖縄に本格的反基地運動の萌芽《ほうが》が起こる。この年の四月二十八日、沖縄県祖国復帰協議会が結成された。教職員会、沖縄人民党（共産党）以下、十五団体で組織されており、主催者側は当初、七十団体が集まると期待していたようであるが、目標を大幅に下回っていた。彼らは「復帰すると生活はもっと良くなる」と住民に喧伝《けんでん》していた。当時、沖縄公務員の給与が米国式に低く抑えられていたことが復帰運動の動機であった。復帰と同時に沖縄公務員の給与は急上昇し、「わたり制」

を実施するなど、自治省の指導を受けている。

この頃、沖縄政界の勢力図は昭和三十五年十一月の立法院選挙の際、大田政作を領袖《しゅう》とする保守親米派の沖縄自民党が二十九議席中二十二議席を獲得、三十七年の第六回立法院選挙でも過半数を制する勢いであった。

昭和四十年九月二十日、沖縄援助に対する日米協議委員会において、米国政府代表は沖縄に対する日米援助比率の逆転を了承する。米国はわが国へ対抗意識を露《あら》わにしており、翌四十一年三月三十日、米下院軍事委員会はプライス法修正案を承認し、六百万ドルの上限を二倍の一千二百万ドルに引き上げた。にもかかわらず、昭和四十二年三月二十九日、松岡政保《せいほ》行政府主席はホワイトハウスを訪れ、ジョンソン大統領と直接会談し、さらなる援助拡大を要請している。

昭和三十七年二月四日、ロバート・F・ケネディ司法長官が来日した際、沖縄返還に関する国民の意識の高さに驚いた。兄のジョン・F・ケネディ大統領はその前年の十月五日、カール・ケイセン大統領特別補佐官を団長とする調査団を沖縄に派遣し、沖縄政策についての調査を行なわせた。

昭和三十七年三月十九日、前年一月に就任したケネディ大統領は声明を発し、沖縄は日本本土の一部であることを確認するとともに、安全保障上の考慮から沖縄の日本復帰はまだその時期でないことを明言した。ただし、将来の沖縄の復帰に備えて行政改革を漸次《ぜんじ》行ない、かつ沖縄の発展と福祉のため、日米両国は協力態勢を確立することを強調した。

反米の雄日本社会党は昭和三十七年一月十三日、訪中使節団長鈴木茂三郎《もさぶろう》が、中国人民外交学会長張奚若《ちょうけいじゃく》と共同声明を発表し、「米帝国主義は日中人民共同の敵」と宣言していたのだ。わが国の国論は、親米協調の自民党と、親ソ親中国の社会、共産党に二分されることになる。

同じ敗戦国のドイツはわが国と対照的に、昭和二十五年（一九五〇）に再軍備とNATOへの加入を正式決定、昭和三十一年（一九五六）には徴兵制を復活、昭和三十三年（一九五八）には西ドイツ連邦議会が国防軍の核武装を決議している。

米国は中国を封じ込めるため、昭和三十六年（一九六一）三月、長崎型原爆の三倍の威力をもつ米空軍核弾頭中距離ミサイル、メースB九十六基を沖縄に配備、翌年には米陸軍が同じくリトル・ジョンを配備した。

社会党は極左勢力を含む他の左翼勢力とともに沖縄問題をことさらとりあげ、在沖米軍の行動を制限しようとした。しかし、自民党も国民の戦争アレルギーに遠慮して、国防政策には消極的対応をとりながら、ひたすら政策課題としての沖縄の施政権返還を主張し続けたのだ。一方、沖縄はケネディの「沖縄新政策」発表の結果、住民の政治的パッションは拡大し、理念闘争に偏向していく。

昭和三十七年十一月の立法院総選挙の結果は、自由民主党十八、これに対し、野党の社会大衆党七、人民党（共産党）一、社会党一、無所属二であった。

自民党は「復帰」を主張しながらも日米協調路線を強調、野党側は三十七年二月一日の国連の植民地廃止宣言に基づく沖縄の施政権返還を主張し、対立する。

昭和三十五年、わが国経済は国民の努力により、確実に復興していた。同年十二月、政府が「国民所得倍増計画」を閣議決定するが、昭和四十二年六月、経済企画庁第二回国民生活白書において、「十年前に比べて国民一人あたりの所得、個人消費支出とも二倍になった」と発表、国民全体の半数以上が中流意識をもつようになっていたのである。当時、本土は消費主導型の大型好景気「いざなぎ景気」がはじまっていたのである。

左翼陣営は沖縄に戦力を集中した

昭和四十年頃から、五年後の日米安保条約の延長問題をめぐって国内に緊張が走っていた。昭和三十五年（一九六〇）に改定された日米安保条約は四十五年（一九七〇）を境に、日米いずれか一方からの一年以内の通告がないかぎり、自動延長、継続されることが制定されていた。

一方、米国のベトナム戦争介入は本格化していった。昭和四十年二月八日、第三海兵師団がベトナム・ダナンに上陸、戦闘開始、七月二十九日には、沖縄嘉手納米空軍基地より発進したB52戦略爆撃機が北爆を開始した。

左翼、とりわけ親中勢力の企みは、六〇年安保の教訓から、日米安保の要である沖縄の住民に反米感情を醸成し、もって日米両国政府に安保破棄を突きつけることであった。要するに、住民の親米感情を阻喪《そそう》させることが主眼であった。

昭和三十五年までは、沖縄住民の親米感情はピークにあった。同年四月二十七日、ハリー・フェルト米太平洋軍総司令官は米下院において、あくまでも個人的見解としながらも「沖縄住民は日本の支配に戻るより、米国の占領継続を希望しているように思う」とさえ発言している。

昭和四十年代に入ると、社共や総評、全学連などの左翼陣営は「決戦の時機到来」と宣言し、「米軍基地完全撤去を伴う沖縄全面返還」「安保破棄」「保守政権打倒」等をスローガンに、沖縄に戦力を集中した。彼らの一部は「暴力、殺人も辞さず」とまで公言してはばからなかったのである。

日米両国政府はこれに対し、沖縄住民の福利厚生向上に意を配りつつ、国民全般には、沖縄の施政権を日本に返還することによって、対米感情を良好に維持させようとした。あくまでも目標は、沖縄米軍基地の安定運用にあった。加えて米国政府は、ベトナム戦争の長期化による財政悪化で、沖縄援助の拡大に限界を感じていたのである。日米の経済力は完全に逆転し、四十二年からは日本政府の援助が米国のそれを上回っていた。

一方、沖縄の左翼活動は、昭和四十一年より開始された中国文化革命に影響を受けた。学校現場では、旧沖縄師範学校卒業の管理職たちが戦後教育を受けた青年教師らに監禁され、「自己批判」を強いられる事件が続発していた。

昭和四十六年には教職員会は解散に追い込まれ、沖教組が結成された。復帰運動を展開しながら国旗掲揚、国家斉唱運動を推進していた保守派は完全に追放され、極左グループが指導権を掌握したのだ。彼らは学校教育で皇室を批判し、文部省唱歌を禁止するなど、従来あった日本の道徳、文化の全てを否定した。

その手段こそが、沖縄史の改竄《かいざん》であった。琉球王国を極端に美化し、また沖縄戦における日本軍を極悪非道に描いた。昭和四十年代前半から、域内に沖縄戦時、日本軍軍人があたかも県民に自決を強要したり、加害行為を働いたかのような話が、まことしやかに流布《るふ》されはじめていたのである。

昭和四十二年二月一日には、琉球立法院が本土に倣《なら》ってこのような教師の政治活動を禁じる教公二法（地方教育区公務員法、教育公務員特例法）の制定を図ったところ、二万人の左翼群衆が立法院を包囲し、一千人の警察官はデモ隊に暴行されて無力化された。二月二十四日には、再び同法案が審議されようとしたが、左翼反対派が議場に乱入、審議中止となり、結局、同法案は完全阻止されたのである。ちなみに、同法案は本土では昭和二十九年三月二十九日、衆議院においてすでに制定されている。

地元マスコミも沖教組に呼応し、米軍によるベトナム爆撃や戦闘で被災したベトナム民間人の惨状を紙面に連日掲載し、沖縄住民に贖罪《しょくざい》意識、反米感情を醸成した。また、北ベトナム軍を「解放軍」と呼称しながら連日、報道して正当化したのである。加えて、長引く戦闘で米軍兵士の士気も低下し、事件事故が多発した。住民（沖縄返還以降「県民」）がベトナム戦争の実態に気づくのは昭和五十二年五月、ベトナム難民二十七人が与那国島に漂着した頃からである。以降、昭和六十二年三月までに那覇に亡命寄留した難民は、二千百四十九人を数えた。

沖縄返還の舞台裏

昭和三十九年十一月、佐藤内閣は、成立とともに沖縄返還問題を至上命題としてとりあげる。そして四十二年八月、戦後の首相としてはじめて沖縄を訪問、「沖縄が祖国復帰しないかぎり戦後は終わっていない」と決意のほどを披瀝《ひれき》した。

一方、昭和四十二年（一九六七）当時、米海兵隊はメコン・デルタに進出しており、参戦の米軍将兵の総数は四十七万三千人を数えていた。中国は、戦闘地域が中越国境に漸次《ぜんじ》近接してくるために不快感をいだき、昭和四十年（一九六五）四月には中国国民に戦争準備を指示していた。このため、一部日本のマスコミや識者からは米中戦争不可避論、日本巻きこまれ論等が流され、国民の反米感情を煽《あお》った。

諜報工作がお家芸の中国共産党は、近隣諸国に共産革命を仕掛けるが、いずれも失敗する。昭和四十年九月三十日、インドネシア（一九四九年にオランダから独立）で中国の支援する共産クーデターが発生するが、親米派スハルト少将率いるインドネシア陸軍に鎮圧された。また、昭和四十一年（一九六七）七月にはインドで同様の工作がなされたが、これも失敗していた。中国共産主義の南進政策と、これを阻止せんとする米国は、東南アジア全域で対決していたのである。

ここで再び、沖縄に視点をもどそう。

昭和四十二年六月、沖縄のフェルディナンド・T・アンガー高等弁務官は「基地と施政権の分離返還は極めて困難、基地の有効な使用に支障」と表明するが、七月にはアーミン・H・マイヤー駐日米大使が「沖縄基地の自由使用を条件に施政権返還の用意あり」と発表している。国防総省と国務省が、沖縄返還をめぐって対立している事情が見てとれる。

昭和四十二年、佐藤首相は特使を米国へ派遣し、返還の可能性を探らせ、また自らも十一月に訪米し、十五日には佐藤・ジョンソン共同声明を発表する。ここで沖縄返還に関し、具体的なタイムスケジュールが発表された。しかし、米軍部は中国を標的にするメースB戦術核ミサイルの沖縄残置を主張し、これが返還交渉のネックとなっていた。

昭和四十一年、元大統領顧問マクジョージ・バンディは大統領へ書簡を出し、「日米関係は良好であるが、沖縄問題は例外である。一九六八年までに基地問題は悪化するであろう」と予告していた（"Future of Okinawa, from Bundy to the President" May 23, 1966, LB Gohn Library　琉球大学所蔵）。この予想は見事なまでに的中した。

昭和四十三年十一月十日、初の行政府主席の公選により、左翼共闘代表で沖教組代表の屋良朝苗《やらちょうびょう》が当選した。屋良は「米軍基地全面撤去、即時無条件返還」を主張する。このとき、CIAは「米国が（沖縄の）核基地について頑《かたく》なな態度を続ければ、防衛パートナーとしての日本を失うおそれがある」とまで警告を発している。

屋良の主席当選から九日後、嘉手納基地でB52が離陸に失敗し炎上、その直後から撤去運動、反米軍運動が熾烈を極める。翌四十四年（一九六九）春には、B52撤去要求統一行動に住民三万五千人が参加、琉球大学をはじめとする過激派学生と基地警備の米軍兵士が衝突した。

ところが、これまで一枚岩と言われていた中ソが対立、アジア情勢は激変する。昭和四十四年十月には、中国が全軍に対ソ緊急戦闘態勢を指令するなど、中ソ全面戦争の危機が発生した。これが、ベトナム戦争終結のエポックとなる。中国は中越国境に重点配備していた兵力を北方に割かねばならず、中国軍部としても対米戦略の変更を決断せざるを得ない状況に追い込まれていったのである。

この頃（一九六九年一月二十日）、米国ではリチャード・ニクソンが大統領に就任、翌年二月にドクトリンを発表し、同盟国へ自主防衛への努力を求めるとともに、アジアに展開する米軍の削減を発表した。これには日本、韓国両国政府が懸念を表明した。さらにニクソンは中国と友好関係を結び、ソ連を牽制《けんせい》させることにした。敵の敵は味方というわけだ。

ところで、わが国は昭和四十年から対米貿易収支が戦後はじめて黒字となり、四十四年度のＧＮＰは六十二兆七千億円に達し、世界第二位の経済大国に躍進していた。

一方、米国は昭和三十三年（一九五八）以降、国際収支は赤字に転落、昭和四十六年（一九七一）には貿易収支も赤字に転落する。米国国民は、わが国の対米輸出の増大に焦燥する。とくに、わが国の繊維業界の進出は目覚ましく、米国のそれを圧迫するまでになっていたのだ。米国議会では日本批判が高まり、「日本安保ただ乗り論」が起こっていた。このため、繊維製品の自主規制が日米間の緊急の課題になっていった。

一方、米軍部は昭和四十四年夏頃から、メースBの撤去に柔軟姿勢を示しはじめる。メースBに代わって、二倍の射程距離をもち、海中深く潜行する潜水艦から発射される核ミサイルにこそ核抑止力の最大の効果があると判断されたのである。メースBの沖縄からの撤去は、北京に対し、対話へのシグナルともなったのである。

しかし、軍部からはアジア有事の際の在日米軍基地の自由使用と、核の貯蔵権とその通過権の確保が、沖縄施政権返還の課題として提起された。ここで、昭和四十二年十二月に日本政府から発表された非核三原則がネックとなってきた。

昭和四十四年九月、日本政府は繊維問題については四十五年以降、輸出に関しては五年間の上限を設けることとし（昭和四十七年一月三日協定調印）、核問題については密約をもって米軍部の要求を受容することにしたのである。

昭和四十四年十一月十八日、こうして佐藤首相は米国にて「七二年（昭和四十七年）沖縄核抜き本土並み返還、日米安保堅持」を共同声明にて発表、二十一日は核持ちこみに関する秘密議事録にサインしたとされる。

昭和四十四年十二月二十七日、佐藤首相は第三十二回衆議院選挙、いわゆる「沖縄安保選挙」を実施する。結果は自民党の大勝利となった。自民党は十一議席を伸ばし二百八十議席を獲得、社会党は前回から五十議席を失って九十議席で終わった。こうして自民党は圧倒的多数をもって、翌四十五年六月には日米安保自動延長の声明を発表し、翌年十一月には沖縄返還協定を強行採決する。

この頃、沖縄はどうなっていたのであろうか。

昭和四十四年一月、ジョンソン大統領は一九七〇年度予算教書で、琉球援助予算を一千七百五十万ドルに拡大、教員給与、軍用地借地料も大幅にひき上げた。また、その四年前の九月、佐藤首相は日本政府援助を教育分野に適用し、義務教育教員の給与の二分の一を国庫負担とすることを決定していた。ところが、沖縄では沖教組や労組、左翼学生、いわゆる「復帰協」による破壊活動や、基地従業員（全軍労）による「基地撤去」をスローガンとするストが猖獗《しょうけつ》を極めていた。その背後にはある動きが見えてくる。

昭和四十七年三月、全軍労がスト参加を拒否した組合員に対して暴行を加え、家族への嫌がらせまで行なっていた事実が発覚する。また、四十六年七月、琉球政府厚生局および沖縄精神衛生協会理事会は、「本土からの沖縄派遣医師のなかに学生運動の前科がある者がいる」として厚生省へ抗議している。要するに、医師不足のために本土から青年医師を招聘したところ、左翼扇動的な医師が少なからず含まれていたのである。

昭和四十四年四月二十一日、本土―沖縄間の渡航審査が米国民政府から琉球政府に委譲されており、本土から過激派が沖縄へ続々移動してきた。まさに第二回沖縄決戦であった。破壊活動はエスカレートし、琉球警察は法的に本土から応援も得られず、なす術がなかった。結果的に、米軍部は施政権の返還なくして基地の安定運用ができないことを認知することになる。皮肉にも、左翼の行動がかえって日米交渉を促進したといえよう。

沖縄返還の二年半前の四十四年十一月、屋良主席は米国にて沖縄返還の共同声明を終えて帰国する佐藤首相を羽田で出迎えて謝意を表そうとしたが、復帰協によって直前で阻止された。復帰協は、本土左翼から物心両面の支援を得てガリバー化していたのである。

沖縄では教職員が政治運動に偏重し、教育現場が荒廃、少年の学力低下や非行が制御できないほどに拡大した。父兄の危惧は高まり、昭和四十年代には多くの家庭が本土の中学、高校に生徒を遊学させた。しかし、そのなかには教師の子弟も少なくなかった。彼らの主張する「平和教育」とは、まさに破壊活動を目的とした一種の革命教育であったのだ。

こうして沖縄は、昭和四十七年五月十五日に祖国に復帰した。ところが、住民の心境は左翼とは軌《き》を一《いつ》にしていなかった。最後の立法院議員選挙は四十三年十一月に行なわれたが、野党となった自民党は十八議席を獲得し、人民党（共産党）を含む与党の合計議席十四を四議席上回っていた。

また、地元財界は米軍統治時代に獲得した一国二制度的な既得権に固執して、復帰に反対していた。とくに、利権を占有する製糖会社や琉球石油、そして基地経済に依存するコザ市の商業界が、それぞれ「琉球憲法会議」「コザ生活を守る会」等を結成していた。

ところが昭和四十六年（一九七一）八月十五日、ニクソンショックで沖縄の通貨米ドルが下落して変動相場制に移行すると、沖縄財界による復帰阻止活動は急速にトーンダウンした。一ドル三百六十円から三百五円へ下落、変動相場制へ移行し、漸次、円高が進行するため、住民は通貨の即時切り換えと差損補償を求めるようになった。

戦後の沖縄は米軍統治の結果、生活水準は格段に向上していた。人口動態を見ればその発展が証明される。昭和四十六年時点で九十三万九千七百四十二人を数え、戦前のピークの五十九万七千九百二人（昭和十二年）を三十四万一千八百四十人上回っている（いずれも国勢調査資料）。米軍統治の期間に、人口は戦前のピークを五七パーセントも上回っていたのだ。戦前、移民に出ていった県民の帰還も見られた。

では、数値的に当時の沖縄経済を見てみよう。

昭和四十六年度、沖縄域内のＧＤＰ九億八千五百三十万ドル（前年比一五・八パーセント増）、このうち約四五パーセント、約四億五千万ドルが軍用地借料をはじめとする基地関連収入であった。

一方、輸入総額は五億五千九百五十万ドルで、その七七パーセントは本土からの電化製品、建材などの生活必需品である。これに対し、輸出総額は砂糖、パイナップル、観光収入で、約一億一千八百三十七万ドルであった。要するに、四億四千百万ドルが恒常的な赤字で、この九割以上を基地関連収入で補塡《ほてん》し、残りを日米両国の援助でカバーしていた。

しかも、沖縄産の砂糖やパイナップルは、日本政府が特例で国際価格の二〜三倍で買い上げていたに過ぎない。仮に、屋良主席や左翼勢力が主張したような基地の即時全面撤去が実施されていたとすれば、県民生活は破綻するか、または三〇パーセント以上も消費を抑えなければならず、民衆が琉球政府と左翼勢力に対して暴動を起こしていたであろう。

付言すると、四十年代に入ってから沖縄の労組や全軍労が過激かつ理不尽な労働運動をくり広げたため、本土の企業は警戒して沖縄進出を次々ととり止めたのだ。

米軍基地を担保にすれば何でも通る

ドルの下落が進行するにつれ、住民の不安、不満は拡大していった。純粋に日本人としてのアイデンティティで復帰運動を展開する民衆もいたが、米軍相手のビジネスで生計を立てる本島中北部の住民は、復帰には未だ反対していた。

一方、復帰運動の嚆矢《こうし》であった復帰協は、「米軍基地全面撤去」を主張して復帰反対運動に転じていた。頻繁にストを行なうため、看護学校を除く公立学校、大学の授業や役所業務も中断するなど、社会活動は著しく停滞した。まさに廃藩置県前夜を彷彿《ほうふつ》とさせた。ただし、看護学校だけは全寮制で職員による指導が徹底していたため、全国トップレベルの教育水準とモラルが確立されていたのである。

昭和四十六年九月二日、屋良主席は住民の要望を受けて、宮里松正《みやざとまつしょう》副主席を東京へ派遣し、関係省庁に「ドル即時交換、差損補償」を要請した。宮里は一九五〇年代、住民がドルをもって上京すると、本土のビジネスマンたちがもみ手で歓迎してくれた時代を懐かしく思ったという。本土は経済復興を果たしており、対照的に沖縄は米国経済の後退と社会不安が募《つの》り、経済成長は停滞していた。後年、宮里は私に、「廃藩置県のような失敗を二度と犯してはいかんという信念で復帰政策を推進した」と語っていた。

大蔵省としてみれば、たとえ個人に限定するとはいえ、「住民の債務は実勢レートで円転し、資産だけを三百六十円で交換してくれ」という陳情には当初、辟易《へきえき》していた。同時に、日本政府や識者の屋良施政に対する批判も鬱積《うっせき》していた。

四十六年六月十五日、根本龍太郎建設大臣が沖縄返還協定を閣議決定した直後の記者会見で、「琉球政府は、(日本)政府の沖縄対策に不足だと不満を言うのは心外だ。戦災を受けた者は本土でも同じで、あまり過保護になっては内地とのバランスがとれない」と発言した。

九月三日には稲村左近四郎通産政務次官が宮里副主席に、「沖縄の諸君は、何もかも悪いことは全部、日本政府のせいにする。新聞を見たらそうだ。なるほど戦後、施政権をアメリカに委ねたりしたことに対する県民の日本政府を恨む気持ちはよくわかる。しかし、日本政府にも自民党にも沖縄のことを片時も忘れずに一所懸命やっている人がいるのを知ってほしい。佐藤総理は最後の政治生命をかけて沖縄問題と取り組んでいるんだ。それを応援しようとはせずに、ただ貶《けな》すだけではけしからん。だいたい、革新陣営(左翼)の人たちは、イデオロギー的に物事を判断し、なんでもすぐ政府のせいにする癖がある」と発言した。

昭和四十六年十月、大蔵省は琉球政府に対してこう回答した。「円、ドル交換は本土復帰時の実勢レートで行なうが、為替変動による差損については、県民の保有するドル(県民が現金および預金の形で保有するドルから借入金を差し引いた額)を一世帯三万ドルを限度とするか、あるいは一人あたり一万ドルを限度として、いずれの場合もその差損を三分の一ずつに分割し、償還期間を三年もの、二年もの、一年ものに割り当て、年利率五・五パーセントの公付公債を交付する」というものであった。要するに、特別給付金方式である。

このとき宮里は、大蔵官僚に啖呵《たんか》を切った。

「一体、このような事態を招かせたそもそもの根拠は何にあるか。国が講和条約第三条によって、沖縄を米施政権下においたからだろう」

そして、コザ暴動事件を引き合いに出して、「暴動が起こる」と大蔵官僚につめよっているのだ。

コザ暴動事件とは、昭和四十五年十二月二十日夜間に発生した事案で、日本復帰に消極的であったコザ市で、米軍人の起こした交通事故の処理をめぐって民衆が抗議し、米軍憲兵車両を転覆させた。これが発火点となって暴動に拡大、付近に駐車中の米軍人軍属私有車両（Yナンバー）計七十八台が放火された。さらに、一部暴徒は基地内に侵入し、施設に放火した。なお、焼失車両に「火売る」の謎の紙片が張られており、左翼勢力による陰謀説が強い。

日本政府は狼狽《ろうばい》した。奄美復帰との根本的相違は、沖縄に米軍基地が存在し、東西冷戦中、日本防衛に多大に貢献していることだ。万一、沖縄で争乱が起きれば日米関係も破綻する。総理府総務長官の山中貞則（沖縄担当大臣）はこう判断し、沖縄側に加担した。山中は早速、佐藤首相を説得し「金で済むことなら」と佐藤の返事でGOサインが出たのである。これを聞いた水田三喜男大蔵大臣は憤慨し、山中とは終生、口をきかなかった。こうして、沖縄住民の通貨確認作戦は極秘で進められた。計画が漏れると、投機ドルが流入して政府は多大の損失を被ることになるからだ。

昭和四十六年十月八日、琉球政府は域内全金融機関に対し、銀行業務停止の「緊急命令」を下令し、自行預貯金の確認業務を実施させた。そして、翌九日（日曜日）には住民の手持ちの現金確認作業を実施させている。確認方法はドル紙幣に鉛筆についた消しゴムで朱印を押す方法であり、多重申告を阻止するためであった。

ところが、五十セントや一ドル銀貨（硬貨）はその方法が適用できないため、住民のなかにはこれを壺に入れて各行へ持ち回り、手持ち現金確認証の金額をふくらませた者がいた（「琉球銀行三十五年史」琉球銀行）。あるいは、本土の有力政治家が銀行員と結託して、法人預金まで個人現金として偽造申告させた。実は、そのなかに山中貞則もいた（元琉球銀行ＯＢ証言）。

米国民政府は、ドル紙幣に消しゴムで朱印を押されたことを侮辱と解し、日本政府および琉球政府に厳重抗議してきた。当時の米国民政府資料には、「何らの協議もなしに自国通貨に朱肉印を押され、琉球銀行条例にうたう民政官権限も結果的に無視された。米国民政府にとって、まさに〝施政権〟を蹂躙《じゅうりん》された〝屈辱の一日〟であった」と記されており、また日本政府も国務長官から「国際法違反である」と公文書で抗議を受けている。

一方、日本政府による沖縄宥和《ゆうわ》策は無制限に拡大していった。

大蔵省は沖縄企業保護の観点から、都銀、県外地銀の沖縄出店を禁止した。

法務省は四十六年三月、復帰に伴い、「沖縄の弁護士資格者等に対する特別措置法」を制定した。復帰前は、琉球政府法務局職員や弁護士事務所事務員でも勤続二年以上であれば弁護士資格が琉球政府から与えられていた。これを、復帰に伴う特例で日本弁護士資格を付与することになったのである。復帰後、百六十七名の弁護士が誕生するが、このなかで復帰前、正式に司法試験に合格している者はわずか十六名にすぎなかった。形式的に安易な筆記試験が行なわれたが、モンテスキューの「法の精神」にうたわれた三権分立さえ回答できない者がいたという。

また総務省は、県市町村が行なう公共工事の負担部分を特例で、政府が九五パーセント負担する制度を確定した（本土五〇パーセント）。

さらに、労働省はパイナップル、サトウキビ収穫時の台湾、韓国からの季節労働者受け入れなどの暫定延期処置などを定めた。

総合すると、政府は復帰に伴う沖縄関連四法案を公布、四十七年五月十三日には沖縄開発庁設置などに関する三法案も制定したのだ。これには、地元企業の法人税の減免処置も含まれており、まさに一国二制度、明治時代に置き換えれば、旧慣温存政策であった。沖縄県にはさらに、復帰から平成十年までの間、合計九兆二千四百十五億円の振興開発費が投下された（補正予算部分は除外）。

終　章

沖縄をどう統治するか

迫られる国家の変革

平成二十二年（二〇一〇）三月三十日、オタワで開催されたG８会談で岡田克也外務大臣（当時）が、核廃絶をコミットメントに入れるよう主張し、会談が紛糾した。先進国から見れば、「米国の核の傘に守られながら、核廃絶を主張する日本外交は異常」と解されている。

わが国国民は戦後七十年にわたって奇跡的平和を享受《きょうじゅ》してきた。日米安保条約に依存することが大なる原因であるが、戦後世代には、「軍を持たないほうが平和を維持できる」という錯覚を生じせしめている。またこれと同時に戦争の概念も「悪」と解釈されているが、国際社会では依然、戦争は外交の一手段であるのだ。だからこそ、戦時国際法が厳然と存在するのである。

国防を他国に一方的に依存し、神学的平和論に終始するようでは、必然的に政治家、国民の劣化をきたすことになり、さらには、国威の衰退をきたすのである。

いまわが国にとっては、真の独立国家を建設するに足る国防力を持つ時代が到来していると言える。

ところで、沖縄の戦略的価値は増大している。以前は「太平洋の要石」と言われたが、いまや「インド洋と太平洋の要石」と米軍部内で言われており、ハワイ以西からアフリカ東岸までをカバーしている。アラスカ方面から中東方面に向かう軍用機は沖縄付近上空で空中給油を受け、そのままインド洋に向かっている。また沖縄本島中部に設置された衛星通信システムこそは、米国の宇宙戦略の重要部分を担《にな》っているのだ。

軍事知識に乏しい国民は、沖縄の戦略的価値を理解できず、やたらに同情論を展開しているが、沖縄が混乱すれば、東アジアの平和と安定に極めて大きいダメージを与えることになるのだ。

わが国は沖縄返還以降、二つの重要事項を放置してきた。沖縄政策と核武装を主とする防衛戦略である。

沖縄政策に関しては、援助一辺倒による補助金のバラまきに終始しており、明治政府が行なったような日本人としてのアイデンティティを醸成する県民教育を実施していない。しかも政府は沖縄から、「米軍基地の加重負担を強いられている」と抗議されると、閣僚が知事と会談し、無制限に補助金を拡大して機嫌取りを図る。

一方、県民とくに戦後世代はこれを迷惑料としか解釈しておらず、国家へ感謝する意志は微塵《みじん》もないのである。沖縄県は道州制実施にあたって完全独立州の実現を主張しており、また政府に対しては、資金使途自由な一括交付金三千億円の支給をも要求している。矛盾するこの二つの要求を見れば、沖縄が国家にいかに甘えているか理解できよう。

国防政策に関しては、昭和三十七年（一九六二）五月に、元海軍中将の福留繁《ふくとめしげる》が「核武装時代と日本の防衛」と題して、わが国防衛政策のあり方について現在を予知する論考を発表している。なお、この時代（一九六〇年代前半）、先進国をはじめ中国は、生存をかけて熾烈《しれつ》な核兵器開発競争を展開していた。ところが、わが国は米国の核の傘に守られながら昭和四十二年（一九六七）十二月に、「非核三原則」を国際社会に向けて発信している。徳川幕府時代の鎖国政策を彷彿させられる。

福留はこういう世情のなかで、

「日本は核兵器攻撃に対し防衛力ゼロであり、安保条約によって米国に依存する以外に方法はないのであるから、中国が核保有国となったための脅威の対抗策として、米国の報復依存度を強化し、確保するのは当然の理である」

「核以上に強力なもののない以上、核には核報復力をもって抑制する以外になく、これが直ちに抑止力となっていることは説明するまでもない。であるから、仮に中国が核保有国となった場合（この二年後、中国は核実験に成功）、日本は量的に小さな軍備であろうとも質的に非常に強力な核報復力をもっているということになれば、例えば原潜五隻も持てば中国の主要部を完全に破滅に帰せしめる威力をもつことになるわけであるから、防衛的に見て中国とバランスすることができるのである。

すなわち中国が日本を破壊しても、日本の報復力が中国の主要部を破壊することが予想されるならば、中国は決して日本を攻撃することはしないだろう。また、このバランスを保つ限り、中国に対する日本の発言力も弱体化することはない理である」（「水交」昭和三十七年六月号より要点抜粋）

しかし、国民のいわゆる平和ボケは止まるところを知らず、社共は米国の核戦略を批判しながら、中国の核武装を支持した。昭和五十九年二月、社民連代表の田英夫《でんひでお》は、非核三原則に加えて「攻撃させない」という項目の追記を提言している。

福田赳夫内閣時の昭和五十三年四月十二日、日中平和友好条約調印のための交渉中、日本側が尖閣の帰属を明記すべきと提案したところ、中国武装漁船団約百四十隻が尖閣諸島に押し寄せた。政府はこのとき、自衛隊機による偵察飛行さえ禁止した。「中国を刺激してはならない」との判断であった。この結果、条文に尖閣は明記されず、問題は先送りされた。中国はこの時代までわが国の再軍備を恐れており、この活動は日本の出方を試す手段であったとも分析される。

左翼勢力が金科玉条《きんかぎょくじょう》のごとく引用する日本国憲法こそは、GHQの草案に基づいて制定されたものであり、とくに第九条全文は米国の核独占体制でしか通用しないのである。要するに、米軍の庇護《ひご》の下に成立する憲法なのである。

そして、昭和四十七年九月、沖縄返還協定調印の翌年、法制局長官が参議院の予算委員会で、「個別的自衛権は辛うじて認められるが、他国の防衛までやることはできない」として、明確に集団的自衛権を否定している。これは現在も踏襲《とうしゅう》されており、米海軍艦艇と海上自衛隊艦艇が共同行動中、仮に第三国から米海軍艦艇が攻撃を受けても海自艦艇は応戦できず、現場から即刻退却するしかないのである。

さらに、北朝鮮や中国が太平洋方面に向けてミサイルを発射した際、日本に照準されたと断定されないかぎりは迎撃できないのである。これでは間に合わず、迎撃のチャンスを逃してしまうことになる。

ただし、この点に関して言えば、現在の安倍晋三政権は今年（平成二十七年）五月十四日に、集団的自衛権の行使を限定容認する閣議決定をした。したがって、現在進められている一連の安保関連法案が成立すれば、間違いなく大きな前進と言える。

平成八年（一九九六）三月八日、第三次台湾危機の際、中国軍が発射したミサイルが与那国島北方五十キロ沖に着水した。漁業で生計を立てる島民は、恐怖のどん底に陥った。当時、与那国漁協組合長であった尾辻吉兼《おつじよしかね》（平成十一年五月に町長就任、二期五年担当）は、「米国は空母二隻も派遣してくれているのに、なぜ日本政府は護衛艦一隻も派遣してくれないのか」と、憲法上の不備を的確に批判していた。尾辻は町長就任中、与那国島への米軍の誘致運動を密かに行なっていたのである。

わが国の防衛費は、二十二年度で四兆七千億円、国民総生産の一パーセント未満、子供手当ての五兆円よりも低い。これに対し、中国の防衛費は約七兆二千億円（宇宙兵器開発費は別項目）、過去十数年間、毎年二桁増で推移しているのは周知の事実だ。

いま、中国は日本を照準にした核弾頭が少なくとも百三十基あると推定されている。中国はわが国に対し、歴史教育をはじめ閣僚による靖國参拝に反対するなど、したたかに内政干渉を行なっている。これほどまでに干渉されても対抗しない日本国民は、独立を放棄したとも受けとめられかねない。

米国は現在、テロ戦争で国費を消耗し、孤立主義に陥りつつある。はたして、今後予想される日本有事の際、米国は自国の安全を危険にさらしてまで、救いの手をさしのべるだろうか。わが国は主体的な防衛努力を行なうとともに、憲法改正を行ない、「交戦権」、「集団的自衛権の行使」を明記すべきである。

ところで、わが国の保守派のなかには、日米安保破棄を主張する向きも少なくない。しかし、東日本大震災で得た以下二点の教訓から、日米安保条約の有益性はかえって増大していると言えよう。

一、わが国は国土の縦深性《じゅうしんせい》がないため、大規模災害や原子力発電所放射能漏れ事故等が発生した際に、国土利用の選択肢が制限される。これでは、敵対国から奇襲攻撃を受けた際、早期の復旧対処は極めて困難である。また、核シェルターが一基も整備されていないのである。

二、自衛隊の輸送能力が脆弱《ぜいじゃく》で、空自の保有する輸送機C1の一機あたりの積載容量が米軍主力輸送機の四分の一で、また保有機数も十二機と少ない。

海自の上陸用舟艇も、米海兵隊並のトラック八台を積載できる容量を持ったものがない。この点、震災救援の際に孤立した被災地、離島への物資輸送は米空海軍、海兵隊に大きく依存した。

次に、わが国独自の継戦能力についてであるが、以下の二点が指摘される。

一、防衛費の削減によって装備のメンテナンスも困難を極めているが、さらに深刻なことは、自衛官の新規採用を手控えたために平均年齢が三十五歳と高齢化していることである。とくに、地上戦闘や災害救援で必要不可欠な若年兵が不足しているのだ。

対照的に、中国は平成十三年に「国防教育法」を制定、中国全中学生以上に軍事教練を開始している。これは国防動員法と相まって、国民皆兵《かいへい》が定着しているのである。

二、弾薬庫は米軍のそれに間借り状態である。仮に独自の弾薬庫を創設維持しようとしても、現行の法体系では、それの警備をこなすだけの武器使用が厳しく制限されている。また、弾薬の備蓄も僅少で数日程度の継戦能力しかないのである。

沖縄県民の特性を理解せよ

「沖縄県民は平和を愛する県民である」と県外に発信されており、いかにも純粋無垢であるかのような印象を与えている。こうしたなかで、国民が沖縄県政に意見すると、マスコミによってたちまち批判の矢面《やおもて》に立たされる。

平成二十一年(二〇〇九)一月、松沢成文《しげふみ》神奈川県知事(当時)が「普天間基地移設は県内が妥当と思う」と意見したところ、名護市議会から「発言撤回」動議や、辞職勧告動議まで提出されていた。平成二十三年にも、米国国務省日本担当部長のケビン・メアが沖縄問題を批判したところ、マスコミの集中砲火を浴びて辞職する羽目に追い込まれている。

異常である！　民主主義の時代に、なぜ沖縄問題だけは自由な論議が許されないのか。沖縄政策に関する是々非々《ぜぜひひ》を真剣に討議すべき時期にきているのではないだろうか。

沖縄県民の特性は、理念闘争に終始して物事の本質を見失う欠点がある。なにより、演繹《えんえき》的思考に乏しい。これは亜熱帯の気候に主因がある。沖縄には本格的な冬がない。冬場の平均気温でさえ、例年、十九・八度で、真冬でも最高気温が二十五度を超えることがよくある。

私が海上自衛隊に勤務していた頃（昭和五十五年）、青森県大湊《おおみなと》地方隊の艦艇に乗務していた。沖合で投錨《とうびょう》した際に部下に釣りを許すと、地元出身の下士官兵はどんな雑《ざ》魚《こ》を釣っても必ず家に持ち帰り、日干しにして冬の食料の足しにしていた。南国育ちの私は、雪国の国民が「冬を越す」ということがいかなることか、身をもって体験したのである。沖縄では真冬、酔って路上で寝ていても凍死することは絶対にないのだ。

危機管理に対する意識も薄弱である。

東日本大震災直後、県内の離島を含む各市町村で地震、津波への住民避難計画や食糧備蓄が全くないことが指摘された。ところが、未だに県民保護条例制定や食糧備蓄計画の実施が本格化しないのである。

最近の情勢にも県民性が見えてくる。

平成三年（一九九一）十二月二十五日、ソ連邦が崩壊した。また同年九月十六日、フィリピン上院が米軍基地継続使用のための協定改定法案を否決したため、翌四年十一月二十四日に米軍はフィリピンから完全撤退した。沖縄県議会や地元マスコミは、この一連の動きを安直にとらえ、「東西冷戦終結による平和の配当」と称して、米軍基地撤去、自衛隊基地封鎖などを主張するようになっていた。

ところが、米ソのプレゼンス低下に伴い、東シナ海上に中国が進出し、海賊行為を働くようになる。平成三年頃から、那覇の西北西六百キロ付近で中国公船が通行船舶を威嚇して停船を命じ、臨検などの行為を働くようになった。翌平成四年になると、事態は深刻化する。海賊行為の行動円の中心が、那覇の西北西三百キロまで迫ってきた。もうこの頃になると、通行船舶を停船させるために射撃までしはじめたのだ。この年の二月二十五日、中国は領海法を公布、尖閣諸島、南沙諸島を中国領と宣言、東シナ海の海底油田開発も着手していた。

沖縄本島内でも、ミステリアスな事件が続発した。五月十一日、那覇港で集団密航の中国人五十七人が逮捕された。五月十五日、日本復帰二十周年を迎えた日である。那覇市内の商店街が祝意を表すため、前日に通りの両側に「日の丸」の小旗百五十本を掲揚したところ、十五日の未明には一本も残らずに消えていた。六月十日には、本島北端の辺戸岬《へどみさき》にある日本復帰闘争碑が破壊されているのが発見された。

一方、平成五年（一九九三）になると、中国公船による海賊行為はさらにエスカレートしていく。那覇の西北西二百キロまで迫ってきた。この時、中国人は日本籍の船舶乗員には手出しをしなかったものの、フィリピンやバングラデシュ船籍の乗員は射殺され、海に投げ込まれたりもしている。被害船舶の数は、平成三年の時が十一隻、平成四年が三十四隻、平成五年になると年初二カ月で二十隻にのぼった。

平成五年二月、沖縄県議会は慌てて「東シナ海における船舶への威嚇射撃などに対する意見書」を全会一致で採択、防衛庁（当時）を含む六省に取り締まりを嘆願している。この頃になると、さすがに「平和の配当」というフレーズは消滅した。わが国は対応に苦慮したが、この中国公船の一部がロシアのタンカーを射撃したためにロシア艦隊が出動し、「無差別攻撃する」と声明を発した。中国公船団はこの直後、蜘蛛《くも》の子を散らしたように霧散《むさん》し、以後、出没しなくなった。

一方、平成二年初頭から、中国軍部による短銃密輸が東シナ海上で頻発した。これに伴って県内暴力団の抗争が激化し、同年十一月には抗争警戒中の警察官二人と高校生一人が暴力団によって射殺された。使用された拳銃は中国製トカレフであった。沖縄県警は独力では鎮圧できず、九州管区から、のべ四百人の警察官とパトカー三十台の増援を得て、ようやく鎮圧したのである。

この間、県民は抗争に巻き込まれることに怯え、観光客は激減し、繁華街は戒厳令下の様相を呈していたのである。県民はこのように、基地政策においてフィリピン国民と類似の行動をとる傾向にある。フィリピンは米軍撤退直後、中国に南沙諸島を奪われ、五年後の平成八年から再び米軍誘致運動に転じたのである。

一連の事案が反面教師となって、県民意識も変化してきた。平成十三年(二〇〇一)二月八日から十日間、内閣府が「沖縄県民の意識に関する世論調査」を県内の成人二千人を対象に実施したところ、基地容認派は四五・七パーセントと、反対派の四四・四パーセントをわずかではあるが上回り、昭和五十年開始以来、容認派が反対派をはじめて上回ったのである。

ところで、玄葉光一郎《げんばこういちろう》外相（当時）は平成二十三年（二〇一一）九月十九日（日本時間二十日朝）、ニューヨーク市内のホテルでクリントン国務長官（当時）と会談した。その際、外相は「沖縄の負担軽減もさらなる努力をお願いしたい」と要請している。負担軽減とは一体、何を意味するのであろうか。

沖縄では、防衛省が負担軽減のため、また地主の要望により米軍用地を返還しようとすると、地主が基地返還反対運動に転じる。

現職首長で「あらゆる米軍基地に反対する」と宣言した稲嶺進名護市長でさえ、近年では基地返還に反対するようになっている。平成二十三年九月八日、名護市が所有する金武町キャンプ・ハンセン内、山の斜面百二十ヘクタールの返還を防衛省が発表したところ、市長は明確に「返還反対」を表明し、継続使用を防衛省に懇請した。理由は、「地料が市内行政区の運営資金に使われていて、返還されれば資金不足に陥る」とのことだった。この土地は、年間二億円の借地料が防衛省から名護市に支払われているのだ。

平成七年十二月にも、同様のことが見られる。防衛庁（当時）は、この名護市所有の軍用地を市議会の要請に応えて返還を発表したところ、市議会が突然、返還反対決議を行なっている。このため、防衛庁は借料を五千万円上乗せしたうえに継続借り上げを行なったが、用地は一切使用されていないのである。結局、返還要求の魂胆は賃料値上げが目的であったと推測される。

県内では、返還された米軍用地を地主側が陳情して防衛庁に再び賃貸したという事例が少なくない。本島中部のうるま市だけでも、二件がすでに発生している。一件は米海兵隊キャンプ・コートニーの一部（十六・四ヘクタール、地主数百三十九名、年間地代約一億八百万円）で、昭和四十六年に返還され、四年後の昭和五十年に防衛庁へ再賃貸されている。もう一件は昭和五十八年に返還され、わずか一日後に、再賃貸された同基地の一部（二十三・八ヘクタール、地主数百三十七名、年間地代合計一億七千四百万円）である。

金武町では、地主が軍用地を売却しようとすると、行政区が即座に高値で買い取る。左翼の手に渡ろうものなら厄介なことになるとの危惧からだ。同町は歳入の三三・一パーセントが基地関連収入で賄《まかな》われているのだ（県内の最高は嘉手納町の五〇・一パーセント、いずれも平成十九年度）。

急がれる教育の正常化

沖縄は、沖教組、地元マスコミを主体とする極左勢力によって異常なほどの言論統制下にある。保守派の意見は地元紙に一切、掲載されないばかりか、絶えず米軍基地批判のコンセプトで紙面が構成されている。ところが、地元の若者たちはインターネットやツイッターを通して、東シナ海を含む危機の現実を認識しつつある。

私は平成二十三年（二〇一一）の九月から、地元の大学で定期授業を開始した。当初、左翼系教授や他の地元大学から授業阻止の動きもあった。しかし、これに屈せずに講座を開講したところ、受講希望学生が殺到し、大学は抽選を行なったほどである。授業中、一切の自虐史観や感情論を排し、世界史を中心に、国際情勢の講義から始めた。真実を知った学生の眼差しが輝くのが見てとれる。

ところでいま、沖縄では地殻変動が起きつつある。

平成二十三年の八月二十三日、中学校教科書八重山採択地区協議会が開催され、公民の教科書に「教科書改善の会」の育鵬社《いくほうしゃ》が採択された。採択理由は、尖閣諸島の領土問題が明確に解説されていることと、「沖縄戦における住民自決に関し、日本軍の関与があった」とする従来の記述が削除されているからである。

採択協議会は一市二町の教育長によって構成されている。石垣市は玉津博克、与那国町は﨑原用能、竹富町は慶田盛安三である。ここで、竹富町教育長だけが反対して東京書籍の採用を主張した。それこそ、左翼勢力がバイブル的に利用する教科書である。八月二十六日、石垣、与那国の両教育委員会は、採択地区協議会の原案どおり、育鵬社を採択した。

ここで竹富町が無償措置法に違反して、独走する。翌二十七日、竹富町教育委員会は育鵬社を不採択として東京書籍を採択した。そこで、採択地区協議会は三十一日に再協議して再度、育鵬社を決定したが、竹富町教育長は承伏しなかった。

教科書の採択には、地区協議会の答申に従って採択することが基本ルールであることが教科書無償措置法に規定されている。また、採択に関しては多数決によるが、一部反対があった場合は再協議のあとに、同法第九条五項に従い「県教育委員会の指導、助言を受け、役員会で再協議することができる」と規定されている。

九月八日、県教育委員会は石垣市で三市町の教育長と全教育委員十三人を集め、六時間以上を費やして議論し、強硬採決を行なった。この結果、育鵬社採択を否決したのであるが、この時の人員構成は不公正であった。石垣市と竹富町の委員が同数の五人、与那国町は三人となっている。石垣と竹富の人口は十倍以上の格差があるが、同数となっているのだ。

議事進行中、会場には左翼勢力「子どもと教科書を考える八重山地区住民の会」メンバー五十人が傍聴しており、採決を誘導するため、育鵬社採択意見を述べる委員に罵声を浴びせていた。

玉津博克石垣市教育長は「各教育委員会の独立権の侵害だ」と反発し、﨑原用能与那国町教育長は「与那国町の委員は少ない。明らかに不利」と反発し、両人とも席を立った。採決はその直後に行なわれている。これを放置すれば、合法的プロセスをもって採択された地区協議会の決定が、法的根拠のない八日に開催された協議会で否決されることになる。

文科省は後者の決定は無効だとして、地区協議会決定事項を採択実施するよう沖縄県教育委員会に指示しているが、大城浩県教育長は九月二十八日、県議会で育鵬社採択を逆転否決した九月八日の三市町の教育委員会全員による採決が有効と強弁しており、文科省の指導をも拒絶し続けているのである。平成二十三年十月十六日現在、本件は放置されたままとなっている。

この裏には、左翼のしたたかな戦略が見えてくる。現在、与那国島への自衛隊配備計画が進められている。左翼と親中勢力はこれをなんとしても阻止したいのである。この根拠が、沖縄戦時における日本軍による住民自決の強要説である。さらに、帝国陸海軍のイメージを敢えて自衛隊に投影しようとしているのである。

この先兵として活動する与那国町の一町議が地元中学生をつかって、自衛隊配備反対の署名を行なった。その町議は、議会や町長に対して配備に関する住民投票実施を要求しているが、条件として、対象を中学生に広げるように発言しているのである。育鵬社の公民教科書が採用されれば、左翼のプロパガンダが通用しなくなるのだ。

沖縄有事対応プランの策定を

以上、述べてきたように、沖縄社会はかなり流動化している。

最も警戒を要するのは、沖縄で活動する極左勢力と中国の勢力が結合するときである。この視点から、地方分権の美名の下に沖縄を放任するのは危険である。中国は今後、高まる中国国民の不満を解消するために日本侵攻を企てるであろう。その端緒が尖閣列島占領、沖縄独立工作である。そして最終的に、わが国を支配下におくことを目指すであろう。最近、わが国への中国人移住が激増しているのもこの一環である。すでに在日中国人の総数は六十八万人を越えており、現在のような増加率では、百万人に達するのは時間の問題となってきた。

平成二十年（二〇〇八）四月二十六日、長野オリンピックの聖火リレーの際には中国人六千人が集まり、長野県警でさえ制圧できないほど暴徒化した。中国で平成二十二年（二〇一〇）二月二十六日に制定された「国防動員法」は、北京の命令一下、海外に居住する中国民間人が民兵として即、蜂起することが義務化されている。

観光で沖縄を訪れる中国人観光客が首里城で、中国文化の影響を強く受けているのを指摘して「やはり沖縄は中国領だったんだ。取り返すべきだ」と語っている。また、中国人のほとんどが「尖閣は元々中国の領土」と発言している。

野田総理（当時）が就任直後、ワシントンでオバマ大統領と会談中に、普天間基地の移設合意を速やかに推進するよう要請された。その時、あろうことか、仲井眞知事

（当時）は自らワシントンに赴いてシンクタンクで演説を行ない、「普天間基地の県外撤去」を訴えている。しかも、「沖縄の米軍基地はすべて銃剣とブルドーザーで威嚇されながら建設された」と嘯《うそぶ》いているのだ。明らかに嘘である。

一方、知事は総理に、沖縄県のみ資金使途自由な「一括交付金三千億円」の制定を要求しているが、会計検査院から沖縄県に対し、契約書偽造による四億五千万円の不正使用金が指摘されている。

わが国政府は沖縄の動向を慎重に分析するとともに、将来、予測される有事に備えて対処プランを策定しておくべきである。

中国の戦略は日米分断であり、沖縄問題がそのテコになるのだ。沖縄は島嶼県であり、有事の際には本土からの救援は航空機、または船舶に頼るしかないが、港湾、空港が中国に制圧されたら沖縄救援は困難となろう。

最も想定されるシナリオは、多数の中国人（特殊部隊を含む）が観光、見学を理由に沖縄県庁や県議会を訪問中、突然、蜂起《ほうき》して知事室や県議会を制圧し、知事以下、関係者を監禁または脅迫して「独立宣言」を行なわせることである。沖縄が独立宣言すれば日米安保条約は適用されず、米国は新たに沖縄共和国と基地協定を締結する必要が生じるのである。

実は沖縄は戦前、知事不在により行政の空白が生じたことがある。

昭和十九年十月十日、沖縄は米軍艦載機群による奇襲を受け、八波以上の絨毯爆撃を受けた。当時の泉守紀沖縄県知事（第二十三代、山梨県出身）と県庁幹部たちは、米軍がサイパンに続いて沖縄に上陸するものと恐怖に怯え、郡部に逃亡し、一週間以上、連絡不能に陥った。

この時は州長制に基づき、第三十三代福岡県知事兼地方行政協議会議長（同会は本土戦に備えて昭和十八年七月一日発足）の吉田茂が航空機で来県し、県政を代行したのである。沖縄戦突入から戦後のしばらくの間も同様に、沖縄県業務を福岡県知事が福岡で代行している（とくに戦後、外地からの県出身引き揚げ者の収容保護業務において）。

一方、沖縄政策に関しては、政府が沖縄振興と基地移設作業は関連事項であることを明言すべきである。沖縄振興予算の配分も、小泉政権時に行なったように出来高払いにすべきである。沖縄県民が最も恐れるのは、高率補助の削減や沖縄関連特例法案の廃止である。県知事が県内移設を否定し続ければ、県予算六千億円の八〇パーセント以上を占める国庫補助も当然、削減されるべきである。

昭和四十六年四月、沖縄返還の一年前、政府は沖縄開発庁の設置を公表した。地元紙は社説で、「戦前内務省の沖縄出張所のようなもので沖縄人差別の象徴となろう」と反対したが、復帰から平成十年までに開発庁から五兆七千億円の補助金が投下されるに及んで、社説は一変する。平成十三年一月、沖縄開発庁は中央省庁再編に伴って廃止されたが、地元マスコミは最後まで「時期尚早」と、廃止に猛反対したのである。

ところで今後、多数の中国人が来県することが予想される。これに備え、公安調査庁、外事警察、自衛隊調査隊、自衛隊警務隊などを強化拡充すべきである。

現状を放置すれば、わが国は沖縄左翼にハイジャックされることになろう。

【参考文献】

『戦後経済十年史』通産省編
『鹿児島銀行史』鹿児島銀行
『琉球銀行三十五年史』琉球銀行調査部編
『戦後沖縄経済史』琉球銀行調査部編
『ああ日本海軍』（上下）実松譲　光人社
『太平洋戦争、五つの誤算』奥宮正武　朝日ソノラマ
『秘録沖縄戦記』山川泰邦　読売新聞社
『大海軍を想う』伊藤正徳　光人社
『嗚呼沖縄戦の学徒隊』金城和彦　原書房
『世界史年表』歴史学研究会編　岩波書店
『詳説世界史研究』木下康彦・木村靖二・吉田寅編　山川出版社
『昭和、平成現代史年表』神田文人編　小学館
『日本史年表増補版』歴史学研究会編　岩波書店
『新編日本史』朝日奈正幸・小堀桂一郎・村松剛・結城陸郎　原書房
『沖縄県史』沖縄県
『古琉球』伊波普猷　岩波書店
『沖縄世相史』山城善三　沖縄文教出版

『悲運の島沖縄』大田政作　日本工業新聞社
『庶民がつづる沖縄戦後生活史』沖縄タイムス社編　沖縄タイムス社
『沖縄現代史への証言』（上下）新崎盛暉編　沖縄タイムス社
『沖縄警察五〇年の流れ』比嘉清哲（自費出版）
『世替わり裏面史』琉球新報社編　琉球新報社
『苦悩する裁判官』兼島方信　那覇出版社
『沖縄農業史』池原真一　月刊沖縄社
『コンサイス日本人名辞典』三省堂編修所編　三省堂
『コンサイス外国人名辞典』三省堂編修所編　三省堂
『那覇市史』那覇市
『嘉手納町史』嘉手納町
『沖縄復帰物語』ゴードン・ワーナー　エグゼカティブ・リンク

本書は、弊社より二〇一一年十二月に発刊された『誰も語れなかった沖縄の真実』を改題・改訂した新版です。

恵　隆之介（めぐみ・りゅうのすけ）

拓殖大学日本文化研究所客員教授。シンクタンク「沖縄・尖閣を守る実行委員会」代表。

1954年、沖縄コザ市生まれ。1978年、防衛大学校管理学専攻コース卒業。同年、海上自衛隊幹部候補生学校、世界一周遠洋航海を経て護衛艦隊勤務。1982年、退官（二等海尉）。その後、琉球銀行勤務。1997年、米国国務省プログラムにて国際金融、国防戦略等研修。1999年、琉球銀行退職。以降、ジャーナリズム活動に専念する。

著書に『海の武士道DVDbook』（育鵬社）、『敵兵を救助せよ！』（草思社）、『昭和天皇の艦長』（産経新聞出版）、『沖縄を豊かにしたのはアメリカという真実』（宝島新書）、『中国が沖縄を奪う日』（幻冬舎ルネッサンス新書）などがある。

新・沖縄ノート
沖縄よ、甘えるな！

2015年 9 月25日　初版発行

著　者　恵　隆之介

発行者　鈴木　隆一

発行所　ワック株式会社
東京都千代田区五番町 4 - 5　五番町コスモビル　〒 102 - 0076
電話　03 - 5226 - 7622
http://web-wac.co.jp/

印刷製本　図書印刷株式会社

ISBN978-4-89831-726-6